民法の流れ図

―相続―

中山秀登

流通経済大学出版会

はじめに

　民法の「相続」が存在しないばあい、つぎのようになる。民法239条1項によれば、海の魚など所有者のない動産は、所有の意思をもって占有することによって、その動産の所有権を取得する。同じように、人が亡くなった後に残る遺産のうちの動産は権利の主体がない物すなわち無主物になるので、早い者勝ちで占有した人が所有権を取得することになり、遺産の腕力争奪の恐れが生じる。しかし、封建社会が否定されて生じた市民社会の法である民法では腕力争奪は認められない。また、民法239条2項によれば、所有者のない不動産は、国庫に帰属する。すると、人が亡くなって人が生前に所有権を持っていた土地・建物すなわち不動産は無主物となるので国が所有権を取得することになる。しかし、亡くなった人の遺族は土地・建物を取得する期待権を失うだけでなく、亡くなった人との想い出が詰まった土地・建物を失う喪失感を味わう。民法の「相続」は遺産にかんする以上のような市民の気持ちを汲んで規定している。

　以上のように「相続」の目的は遺産の無主物化の回避であることを、沼正也博士の理論をもとに本書で著した。本書では沼博士の沼正也著作集15・民法の世界・1973年、沼正也著作集17・与える強制と奪う強制・1973年から引用した。二つの著書は今から50年前に初版が発行されている。両著書を改めて読むと、新鮮な驚きに満ち満ちている。論理的・数学的な考察が至る所に散りばめられている。以上の驚きを読者にも感じてほしい。既刊の「民法の流れ図」と同様、民法の「相続」をよりよく理解するために図解を用いた。本書も、流通経済大学・法学部の紀要「流経法学」に連載した研究ノートに加筆・訂正をした。

　本書の出版にあたっては、流通経済大学出版会・小野崎英氏には、諸事情をご配慮いただき、心より御礼申し上げます。

2023年8月17日

目　次

凡　　例

　流れ図については、寺田文行ほか編・高校数学解法事典、1205頁以下「コンピュータ」を参照した。同書1206頁によれば、

は、「はじめ」と「おわり」を示す。

は、「計算式など処理の内容をかく。」

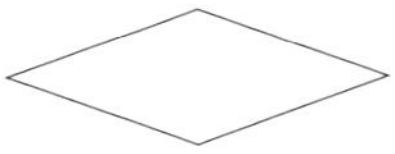

は、「判断の条件をかきこみ、それによって分岐する。」

　本稿では、 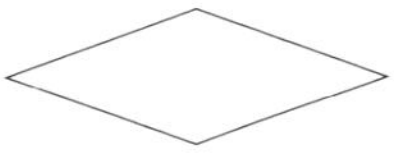　　　　　　　　　　　のばあいに、YはYesすなわち、「はい」を表し、
　　　　　　　　　　　　　　　　　NはNoすなわち、「いいえ」を表す。

数字だけ書いてあるばあいは条文を表し、項は① ②などと表す。注は、(1)(2)・・・などとして表す。注のなかで、図をもちいて説明する。以下のように、図の意味を決める。

権利・義務の主体＝人＝

権利・義務の客体　＝

人が、何かある権利を持っている、あるいは義務を負っているばあい、人と権利・義務の客体は、線で結ばれている、と考える。そこで、つぎのように表す。

─────　は、権利があることを表す。たとえば、債権。

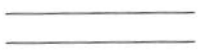

　　　　　は、所有権があることを表す。所有権は、たとえて言えば綱である。

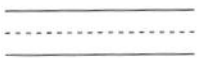

　　　　　制限物権の設定は、所有権という綱から、一本の糸を取り出すことを表す。左図で、
　　　　　点線は、制限物権という一本の糸が取り出されている状態を表す。

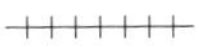

＋＋＋＋＋＋　は、占有権があることを表す。

・・・・・・・・・・　は、義務があることを表す。たとえば、債務。

───→　は、「売る」、「買う」などの意思表示などを表す。

は、不動産にかんする物権の変動の対抗要件を表す。

 は、動産にかんする物権の譲渡の対抗要件を表す。

対抗要件を  で表したのは、つぎのイメージによる。

中世ヨーロッパの騎士が、片手にもっていた盾のイメージである。敵からの攻撃を防ぐ盾の形は、おおよそ逆三角形であった。そこで、逆三角形の形で、対抗要件を表す。

民法によるガバナンス

1　はじめに

　1975年春。私は、20歳で、中央大学法学部法律学科の門をたたいた。沼正也博士の法学の講義は、私に衝撃をあたえた。沼博士は、およそ次のように述べられた。今の、我妻博士に代表される民法学は、論理性に欠け、あいまいといってよい。しかし、以上の民法学は、官僚による市民支配のための官僚法学にとっては、大変つごうがよい。今の、司法試験も、官僚法学に則っている。およそ、学問は、論理的に整合性がなければならない。法律学は、A対非Aの2分法による論理に則っている。私（沼博士）の民法学も、以上の論理にしたがっている、と。私（中山、以下同じ）は、以後、沼博士の講義を、水が砂漠に染み込むように、聴いた。32年経った、今、私の中にある思いは、不変である。以下、沼博士の民法学の概要を、図表を交えて伝え（本稿2）、その後、私が沼博士の思想を承継発展させた考えを、図解を交えて説明したい（本稿3）。

2　封建社会から市民社会へ

(1)　民法は、つぎのようにして成り立った。封建社会では、大多数の平民が、少数の貴族に支配され、貴族は、唯一の国王に支配される。ひとりひとりの人の強さは、小・中・大の団子が、くし刺しになったような図で示される。フランスの封建社会は、以上のような状態であった。1789年のフランス革命によって、腕力・性などの自然的属性は、捨象された結果、すべての人に独立・平等・自由という、人と人とのあいだの性質という意味で、理念的内的属性が与えられた。人が外界の事物を自己に結びつけている能力が、権利能力であり、人と外界の事物のあいだの性質という意味で、理念的外的属性である。権利能力は、人が出生したときは、すべての人に与えられる。あたかも、鉄片が磁石に吸着されているのは、磁石のなかに磁力があるからである、と例えられるように、人は、権利能力にもとづいて、外界の物（有体物）・事（無体物）を、みずからに帰属せしめることができる。以上の理念的な内的・外的属性を総合して、民法の三大基本原則、つまり、個人財産権尊重（右代表、所有権絶対の原則）、私的自治の原則（右代表、契約自由の原則）、自己責任の原則（右代表、過失責任の原則）が生まれた。

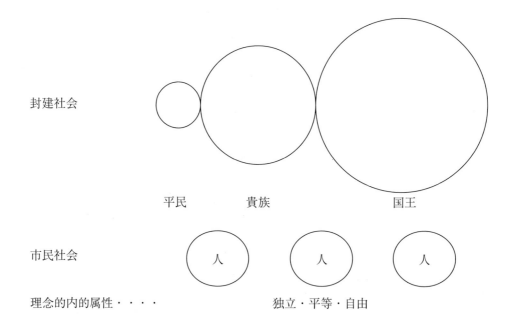

封建社会

　　　　　　　　平民　　　　貴族　　　　　　　国王

市民社会

理念的内的属性・・・・　　　　　　独立・平等・自由

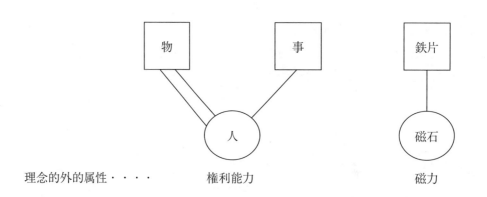

理念的外的属性・・・・　　　　権利能力　　　　　　磁力

(2)　つぎに、民法の構造を流れ図により示す。

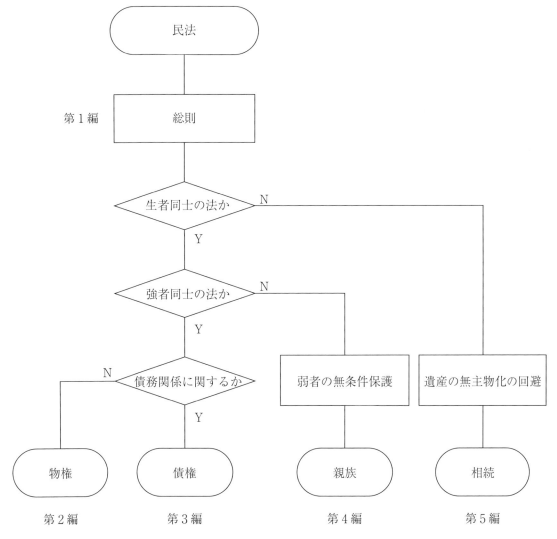

第1編　総則

生者同士の法か

強者同士の法か

債務関係に関するか

弱者の無条件保護

遺産の無主物化の回避

物権　第2編

債権　第3編

親族　第4編

相続　第5編

　以上の流れ図を概説する。民法の第1編である総則は、第2編以下の通則、三大基本原則という理念に合致する原則、第2編以下の諸規定の媒介事項を規定する。第5編の相続は、人の死による権利能力の喪失にともなう、遺産の無主物化の回避を目的とする。第4編が親族となっている理由は、つぎのとおりである。社会には、未成年者という生理的弱者、知的障害者、精神障害者などの病理的弱者は、必然的に存在する。以上の弱者を、無条件に保護してはじめて、すべての人を、独立・平等・自由にするという民法の理念を達成することができる。しかし、弱者を無条件に保護するという、酷なことを誰が引き受けるのか。人は、血縁のある者同士には、相互扶助の本能がある。血縁のない者にたいしては、地縁による相互扶助がある。とくに、血縁のある者同士のあいだでの相互扶助の本能に着目して、民法の第4編は、親族と名づけられた。民法の第2編、物権と、第3編、債権は、財産法の中核をなす。二つの編を分ける判断基準は、債務関係を生じるばあいが、債権であり、債務関係を生じないばあいが、物権である。

(3)　沼博士の民法学説の根幹をなす、財産法と親族法の対比を表にしてみる。

原　理＼法	財産法	親族法
理　念	三大基本原則	
実　践	三大基本原則	三大基本原則の反対
運　用	適格審査の原則	次善性の原則

以下、上記の表を説明する。

　まず、理念原理について。財産法は、成年者という完全者、いいかえると、強者同士が、一対一で対抗している法である。あたかも、ビリヤードという球戯の球と球が一対一で、ぶつかり合っている様子に、たとえられる。財産法にたいする親族法は、未成年者、成年被後見人のような不完全者、いいかえると、弱者を無条件に保護する法である。財産法にせよ、親族法にせよ、人々の頭上には、民法の三大基本原則が、燦然と輝いている。すなわち、民法の三大基本原則は、民法の理念原理である。

　つぎに、実践原理について。財産法は、強者同士が、一対一で対抗しあう法であるから、独立・平等・自由な人と人は、すでに理念を達成している者同士である。したがって、財産法においては、三大基本原則を、そのまま実践原理としてよい。

　一方、弱者を無条件に保護する、親族法の実践原理は、つぎのようになる。失業して貧乏な成年者の弟にたいして、裕福な兄の財産を分け与える、家庭裁判所の審判が、扶養である。「弟に、自分の財産を分け与えたくない」という兄の意思からの無条件に、兄は、自分の財産を収奪されるというのが、扶養である。つまり、以上の兄にたいしては、所有権絶対の原則と反対のことが、適用される。

　成年被後見人を保護する者が、成年後見人であり、法定代理人である。今後、成年被後見人になる者は、たとえば、認知症を患っている人である。認知症を患っている人、意思無能力者が、後見人になる人と、一対一で話し合って、代理人になってもらう契約をすることは、ありえない。意思無能力者の法律行為は無効であることは、法理上当然だから、である。つまり、法定代理人を付するばあいは、家庭裁判所の審判によるのであって、契約自由の原則とは、反対である。

　自分の実子である幼児が、他の幼児の身体権を不法行為によって、侵害したときは、不法行為を行った幼児の親は、自己の不法行為ではなく、他人（実子）の不法行為について、原則として、損害賠償の責任を負わなければならない。以上のように、親族法の実践原理のなかでは、自己責任の原則と反対のことが、行われる。

　最後に、運用原理について。財産法の運用原理から述べる。10年ほど前、以下のような新聞記事があった。コンビニのローソンが、零細業者から、商品を仕入れたとき、商品一個、一円ならば、取引する、嫌なら、今後、取引を止める、と零細業者に通告した。以上の経緯を見ていた、公正取引委員会は、ローソンにたいし、以上の取引を止めるよう勧告し、その後まもなく、ローソンは、以上の取引を止めた、という新聞記事である。財産法は、強者同士が、一対一で、取引する法である。したがって、契約自由の原則を当てはめれば、以上のローソンの零細業者にたいする商品一個一円等の意思表示は、法律

上、正当である。しかし、実質的に見れば、ローソンのような大企業と、零細企業とでは、粒の大きさが、あまりに違う。以上のようなばあいは、実質的に見て、当事者が独立・平等・自由かどうかを審査するのが、財産法における運用原理である、適格審査の原則である。

　親族法の運用原理は、つぎのとおりである。前述の扶養を例にとる。家庭裁判所から、兄に扶養の審判が下るより前に、経済的弱者である貧乏弟と、経済的強者である裕福な兄が、寄り集まって、今後の仕送りについて、相談する。以上の相談は、強者同士の話し合いではない。しかし、強者同士の契約は、独立・平等・自由を達成している者同士の契約であるという意味で、最善である。以上の最善に、あやかって、貧乏な弟と、裕福な兄が、寄り集まって、相談するのである。家庭裁判所からの兄への扶養の審判は、経済的弱者である弟の、無条件の保護という意味で、次善であり、必要悪である。ここに、次善は、最善へ向かって、一歩近づけて運用されなければならない、という親族法の運用原理、すなわち次善性の原則が導かれる。したがって、前述の例でいうと、家庭裁判所から、兄へ、扶養の審判が下るより前に、弟と兄が相談することは、最善に一歩近づけている、次善性の原則の適用ということができる。

　別の例を挙げよう。未成年の子が、不登校になったとしよう。親族法の実践原理は、弱者の無条件保護である。したがって、不登校になった子の意思からの無条件に、子を、学校へ登校させなければならない。そうしないと、子は、学習に遅れ、強者になることができなくなるから、である。しかし、最善は、強者同士の話し合い、である。最善とは、子と親が、あたかも、強者同士であるかのように、話し合うこと、である。なぜ、学校に行きたくないのか、ということを、あたかも、強者同士、成年者同士が話し合っている、かのように、話し合うのである。結局、子が、自分の意思で学校へ行くように、物事を進めるのである。以上が、最善に一歩近づけて運用する、親族法の運用原理、すなわち、次善性の原則である[1]。

3　官僚法学から市民法学へ

(1)　沼博士は、官僚法学という言葉を使われた。前述のように、官僚法学は、あいまいであることを、好都合として、官僚の意のままに、市民を支配する法学である。沼博士は、沼正也著作集のなかで、街のおじさん、おばさんでも分かる民法でなければならないと述べられている。以下、私が、沼博士の学説の影響を受けながら、考案した、民法の図解を中心に述べてみたい。

　私は、大学の講義の最初の方で、民法とは何か、ということを、学生に、視覚的に訴える意図をもって、民法を、アニメ「天空の城ラピュタ」に、なぞらえて図解する。つぎのようである。

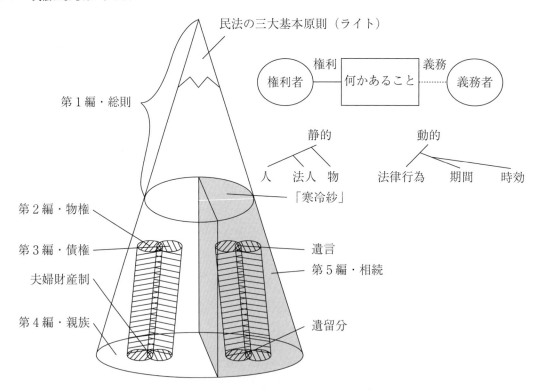

天空の城ラピュタのラストシーンで、ラピュタが空中に浮かんでいる場面がある。民法は、規範であり、空中に浮かんでいるラピュタである。地面で、人々が生活している様は、事実であり、規範とは、いちおう区別して考えることができる。ラピュタのなかには、反重力の力をもった飛行石があって、ラピュタという城を空中に持ち上げている。民法の三大基本原則は、飛行石であり、別の例えを用いると、ライト、照明で、下の方を照らしている。ライトのすぐ下にあるのは、権利と義務で構成される法律関係である。何かあること、について権利をもつのが、権利者であり、同じ何かあること、について義務を負うのが、義務者である。権利・義務の主体が、人と法人である。法律関係においては、権利・義務の客体は、物（有体物）か事（無体物）である。民法では、権利・義務の客体を、代表的に、物つまり有体物とする。以上は、権利・義務を静的に保持している状態である。人の意思にもとづいて、権利・義務を変動させるのが法律行為であり、人の意思にもとづかずに、権利・義務を変動させるのが、期間であり、ただ、人の意思に一歩近づけて運用されるのが、時効である。以上は、権利・義務の動的な状態である。以上が、ラピュタの上半分に相当する民法総則の説明である。

ラピュタの、民法総則が終わって、右半分に、かかっているのは、寒冷紗、目の粗い布で、上からの光を和らげて、下の方の、相続の分野を弱く照らしている。相続は、人の遺産の清算の法であるだけだから、物権法、債権法を中心とする財産法、それに対比される親族法の上位次元にある生者同士の法ほど、ウェイトは重くない。

物権を、赤いセロファン、債権を、青いセロファンで表し、物権、債権が重なっている領域には、たとえば、物の売買がある。三大基本原則、というライトが、物権・債権の赤・青のセロファンごしに、いちばん下の、親族という白いところに、赤・青で反映しているのが、夫婦財産制である。夫婦財産制

は、本質、財産法の制度であって、親族法のなかにある、注意規定である。相続にもどる。遺言は、人の最終の意思を重んじる、財産法の原理に導かれた制度である。したがって、遺言は、物権、債権と関係することから、赤いセロファン、青いセロファンで表される。遺言は、人が行ったばあいは、たとえば、夫が、全財産を自分の死後、福祉団体に寄付する、と遺言しても、妻と子には、夫の遺産の半分は残される、という、親族法の原理に導かれた、遺留分の制度がある。したがって、遺言のセロファンごしに、遺留分が赤色・青色で反映される。上述のなかで、赤と青の意味は別にない。

(2)　如上のことは、民法全体を、立体構造として、イメージとして、表した図である。つぎに、民法は、法律の一種である。したがって、前述のように、法律関係を含み、それゆえ、何かあること、について、権利者と義務者が、一対一で、対応している。以上のことを、売買契約を例にとって、図解してみよう。

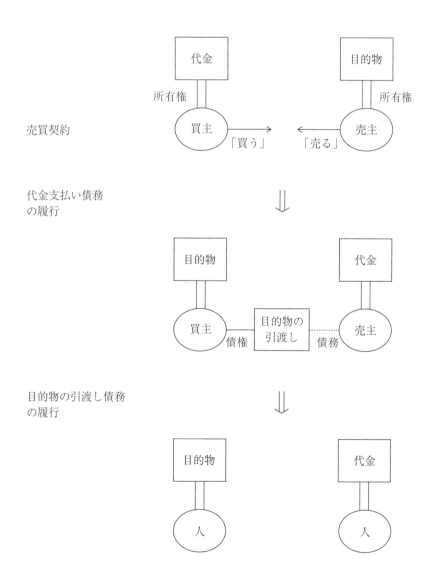

　以上の図を、説明する。人は、頭が丸い、ヘルメットも丸い、ということで、丸で表す。人は、権利・義務の主体である。権利・義務の客体は、人の丸にたいして、四角で表す。権利の主体と客体をむすぶ実線が、権利のある状態を表し、義務の主体と客体をむすぶ点線が、義務のある状態を表す。物権については、とくに説明を要する。所有権は、最強の物権という意味で、大相撲でたとえると、物権の横綱である。横綱が土俵入のときに締める、現物の横綱は、細い糸を撚って、太い綱にしている。以上の、たとえから、所有権だけは、二本線、つまり、太い綱を表している[2]。売買契約のときに、所有権移転の効果を生ずる[3]。したがって、買主は、目的物の所有権を取得している。代金支払い債務の履行により、売主は、代金の所有権を取得している。貨幣にたいする占有は、つねに当然、所有である、からである[4]。けっきょく、目的物の引渡しにかんして、買主には、債権があり、売主には、債務がある。目的物の引渡しの後は、買主は、目的物の所有権を取得していて、売主は、代金の所有権を取得していて、双方とも、所期の目的を達成したことになる。

4　むすび

　民法によるガバナンス、という表題の意味について述べよう。ガバナンスを、統治の意味に解する。わが国の民法典の成立により、すべての人の独立・平等・自由を達成することが、理念とされた。わが国の民法典の成立により、性・腕力といった自然的属性が捨象され、個人の意思の最大限の尊重による、市民社会の統治の端緒があたえられた。つぎに、学説の集積により、学問的財産が生まれ、判例の集積により、法源が生まれた。しかし、沼博士は、以上の法学を官僚法学と名づけ、とりわけ、学問上の盲点を、つぎのように突いた。すなわち、我妻民法学をはじめとする、現状の民法学は、一見、精緻に見える。しかし、たとえば、財産法は、財産にかんする法、親族法は、親族にかんする法、とする現状の学説は、論理矛盾をきたしている。つまり、夫婦の財産は、財産法上の問題か、親族法上の問題か。財産法は、強者同士が、一対一で対抗する法であり、親族法は、弱者を無条件に保護する法であって、財産法と親族法は、Ａ対非Ａの関係にある、と。以上のように、沼博士は、民法による市民社会の統治に、論理的正当性をあたえた。

　私の、民法の図解によるガバナンスは、つぎのことである。出生から、婚姻、死亡に至るまで、すべての人が、かかわるのが、民法である。市民は、民法に無理解であるという状態が続けば、市民は、官僚に支配されたままの、官僚法学の状態が継続し、真の市民社会の実現はできない。したがって、市民が民法を理解するために、私は、文章によるだけでなく、図解を用いることの必要性を感じた。数年前から、私は、「民法の流れ図」を、大学の紀要に連載している[5]。今後も、私は、市民自身が行う、民法による市民社会の統治を目指したい。

　官僚法学とは、官僚のがわに立った法学であり、市民法学は、市民のがわに立った法学である。官僚法学から、市民法学への移行の徴候は、見られる。たとえば、消費者契約法の成立である。今後も、官僚法学から、市民法学への移行の傾向は、続くだろう。最も問題であるのは、一般市民が、民法についての理解が不十分であること、である。一般市民が、民法の基礎だけでも理解することが、市民法学の樹立の第一歩である。一般市民の民法の理解のために、私は、図解を用いる。

注

（1）　沼正也著作集の随所。たとえば、沼正也・沼正也著作集16・墓場の家族法と揺りかごの財産法［新版］
　　　121頁以下。
（2）　所有権を太い綱に、たとえられたのは、沼博士である。前掲、沼正也著作集23・物権法comments、244
　　　頁以下。私の図は、沼博士の、以上の、たとえに依拠している。
（3）　幾代通・体系民法事典・第3版増補、138頁。
（4）　川井健・島津一郎・体系民法事典・第3版増補、181頁以下。
（5）　中山秀登「民法の流れ図」流経法学　第3巻、第1号、2003年10月、以降、連載中。

民　　法（第1編〜第5編の関係）

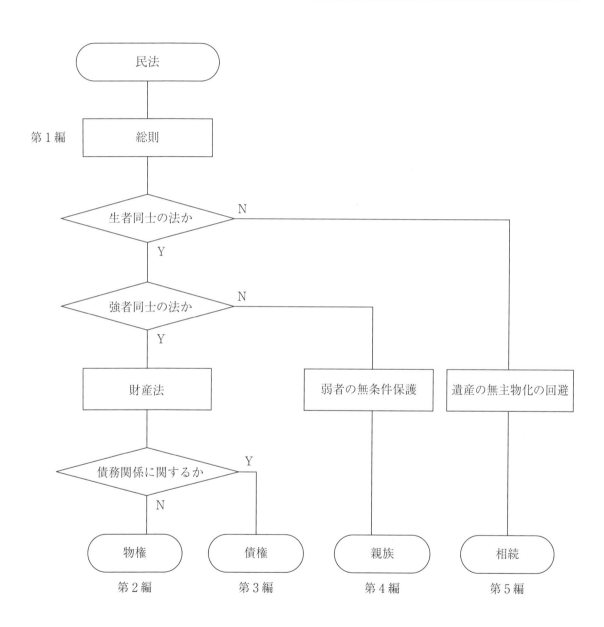

第5編　相　　続（第1章～第10章の関係）

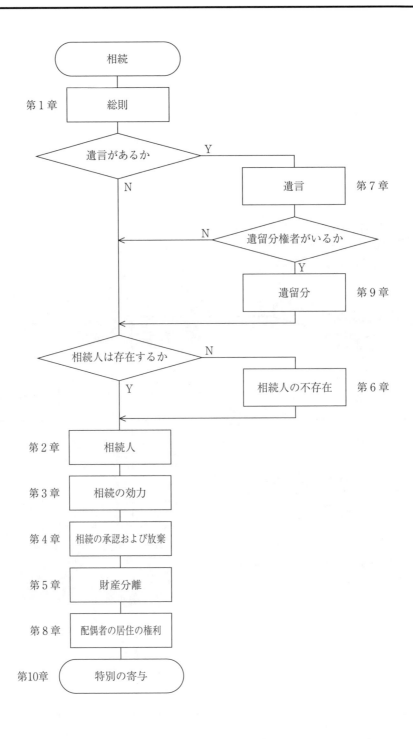

第1章　総　　則（882条～885条の関係）

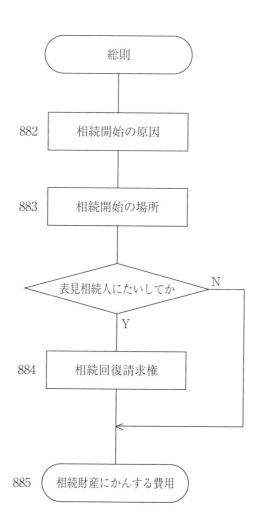

第882条

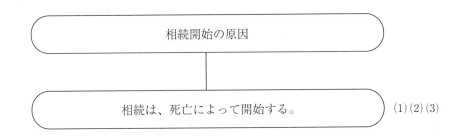

相続開始の原因

相続は、死亡によって開始する。　　(1)(2)(3)

(1)　沼 正也 著作集 15・民法の世界［新版］551頁以下に、「民法における相続法の地位」という表題の
　もとに、以下の記述がある。「生者のみが権利主体であり、権利能力帯有者である。生者には、死が
　やがて訪れる。死者は、すでにして権利主体者たる権利能力帯有者ではない。かれは、いまや権利の
　主体から権利の客体に転換され、一個の有体物にすぎない。生前かれに帰属していた有体・無体の物
　は帰属者を失って、法がなんらかの措置を講じないかぎり無主物と化し、他の生者たちの無主物先占
　に委ねられることになる。ここには、腕力争奪が必至する。腕力争奪が市民社会法のなかにおいて許
　されるならば、それは腕力という自然的属性の法的受容となる。保護を媒介とすることなく自然的属
　性を法的受容することは、市民社会法はこれを認容することができない・・・・。この死者の遺産を
　めぐる腕力争奪には、要保護者の保護が介在しない。こうして、人の死にさいし死体・遺産が腕力争
　奪によらずしてその人の死の瞬間に人間の自然的属性に基づかずしてなんぴとか生者ないし自然人た
　ると法人たるとを問わない『人』に帰属せしめる法規整を必至ならしめずにはおかない理となる。い
　わゆる死者の生活関係の清算を目的とする法の領域が、である。その内容をなすものは、死体・遺産
　の無主物化の回避である。この不可避な要請が、上記財産法と親族法との統一次元に対置せられるべ
　き市民社会法の領域すなわち相続法となる。」同書553頁には、以下の記述がある。「では、財産法プ
　ラス親族法の領域と相続法の領域間ではいずれにウェイトがおかれることになるのか。生者同士の対
　抗関係である前者にウェイトがおかれ財産法と親族法とは最大に生き生きとした機能が営まれるよう
　に法規整がなされ、これに対蹠して相続法の領域にはいわば死んだ機能——形骸的な機能しかはたさ
　しめるよりほかないのである。換言すれば、相続法にはたとえば遺族の生活保障等という大目的を掲
　げて機能させることははついにできず、つつましやかに遺体・遺産の無主物化回避という後始末的な
　旗印しか打ち立てることはできないのである。もし生き生きとした目標を相続法に打ち出すならば、
　逆に財産法と親族法とに、大なり少なりその目標を形骸化させてしまうという数学的関数関係にある
　のである。財産法・親族法と相続法の両者ともどもに生き生きした大目的を掲げてともどもに生き生
　きとした機能をはたさせることは、無念にもついに不可能事なのである（このことを卑近な例示を用
　いて分かりやすく説明すれば、たとえばごくふつうのサラリーマンが生活設計のため支出の予算を立
　てるについて、健康を護るために生き生きと機能できる食費・衣服費等の生活必需品にじゅうぶん支
　出の配分をすれば、娯楽費等のレジャー費用には生き生きと機能させることのできる配分はできず中
　途半端にしか振り向けることができないのと同理である。一方を立てれば、他方は潰れるのである。

どの費目も生き生きと機能できるように予算を立てることは、そもそも不可能事なのである。もしこれが可能なほどに収入のある者があるならば、かれはすでにして生活設計のために予算を立てる必要のない者なのである。)。」

(2)　相続の根拠を図解する。民法・第5編「相続」が存在しないばあいは、民法・第2編「物権」、第3章「所有権」、第2節「所有権の取得」のなかの民法239条が以下のように適用される。

民法239条1項〔動産〕

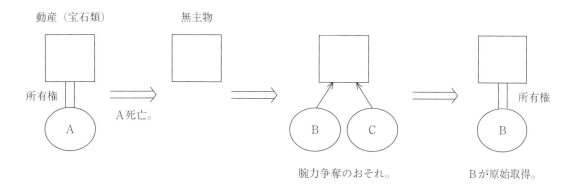

　たとえば、Aという人が商売で大もうけして、たくさんの宝石類をもっていた。Aの死後、宝石類は、所有権の主体であったAが、いなくなり、所有権の客体である宝石類は、主（持ち主・所有権の主体）がいない物すなわち無主物となる。民法239条1項には、早い者勝ちで、無主物を先に手に取った者が所有権を取得できる旨が規定されている。すると、上の図のように、BやCが、バーゲンセールの客同士のように、宝石類を奪い合う恐れが出てくる。しかし、「民法によるガバナンス」（本書・冒頭論文）で述べたように、民法では、自然的属性である腕力に物を言わせてはならない。したがって、民法882条に規定されているように、Aが亡くなったばあい、たとえばAの配偶者や子という相続人に相続させる、言い換えれば、相続人が相続権を取得することにしている。

民法239条2項〔不動産〕

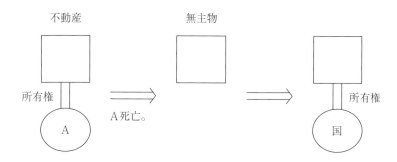

　民法239条2項「所有者のない不動産は、国庫に帰属する。」ことから、自然人であるAが亡くなれば、Aが所有していた土地・建物は無主物となる結果、国が所有権を取得する。第一に、Aの配偶者や子としては、土地・建物という財産を取得する期待権を失うだけでなく、被相続人であるAとの想い出が詰まった土地・建物を失うという喪失感を味わうことになる。第二に、別の観点からすると、自然人は遅かれ早かれ亡くなる結果、自然人の居住している土地・建物は、早晩、国が所有権を取得することになる。以上の二点は、一般市民の意思に合致するとは思われない。こうして、土地・建物という不動産について、現行の相続という制度が存在することは妥当と思われる。

民法882条〔相続〕

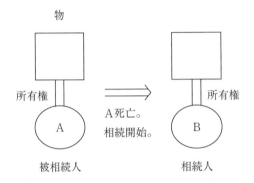

⑶　高梨公之・監修・口語民法・新補訂２版435頁の例を参照した。新婚旅行中の夫婦が、子がいない
　ばあい、飛行機事故によって死亡した。その当時、夫・妻それぞれ900万円、金銭所有権があったと
　する。数字の単位は万円とする。相続分は民法900条２号による。

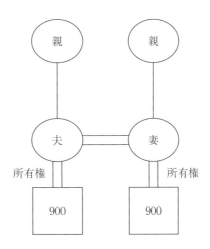

〔夫が妻より先に死亡したばあい〕

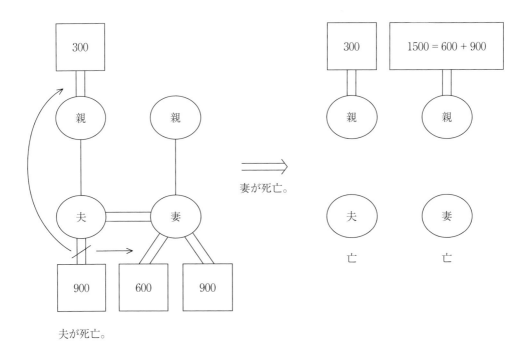

〔妻が夫より先に死亡したばあい〕

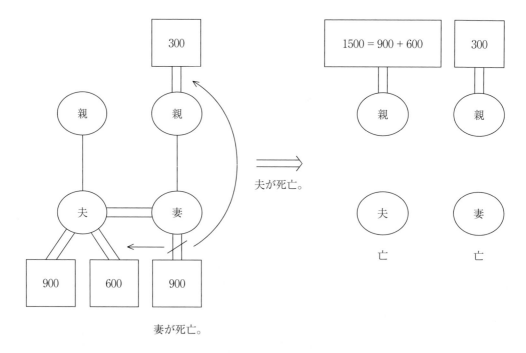

妻が死亡。

〔夫と妻は同時に死亡したと推定されるばあい・民法32条の2による〕
　夫と妻との間では、相続は生じない。

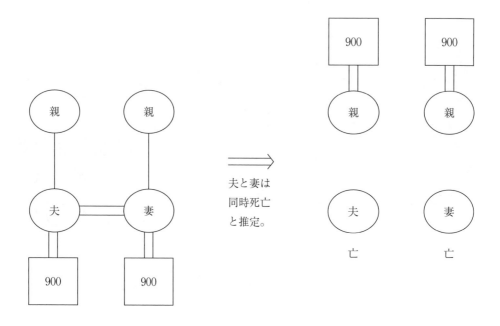

第883条

相続開始の場所

相続は、被相続人の住所において開始する。

第884条

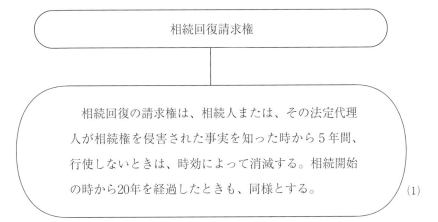

相続回復請求権

相続回復の請求権は、相続人または、その法定代理人が相続権を侵害された事実を知った時から5年間、行使しないときは、時効によって消滅する。相続開始の時から20年を経過したときも、同様とする。　(1)

(1)　被相続人をA、真正相続人をB、表見相続人をCとする。表見相続人とは、たとえば、真実の子でない戸籍上の子、あるいは相続欠格者（891条）。高梨・前掲・436頁を参照。

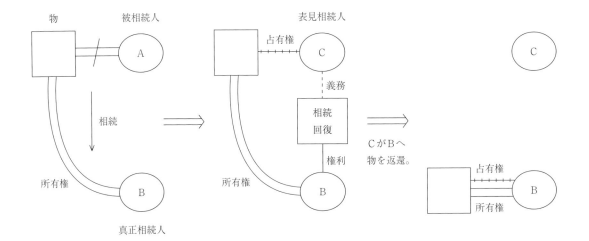

第885条

相続財産にかんする費用

相続財産にかんする費用は、その財産の中から支弁する。ただし、相続人の過失によるものは、この限りでない。

第2章　相続人（886条〜895条の関係）

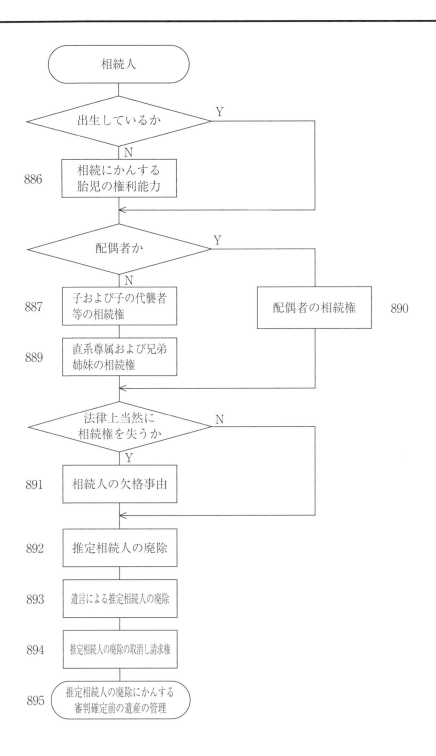

第886条

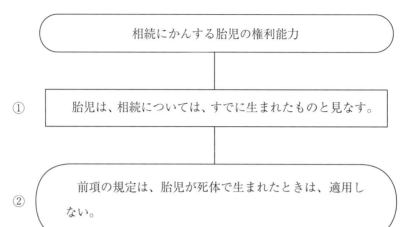

相続にかんする胎児の権利能力

① 胎児は、相続については、すでに生まれたものと見なす。

② 前項の規定は、胎児が死体で生まれたときは、適用しない。

第887条

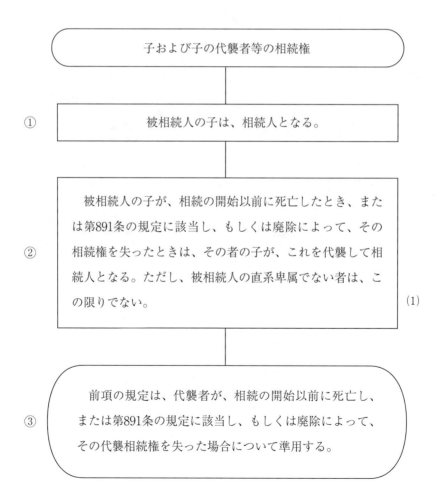

子および子の代襲者等の相続権

① 被相続人の子は、相続人となる。

② 被相続人の子が、相続の開始以前に死亡したとき、または第891条の規定に該当し、もしくは廃除によって、その相続権を失ったときは、その者の子が、これを代襲して相続人となる。ただし、被相続人の直系卑属でない者は、この限りでない。　(1)

③ 前項の規定は、代襲者が、相続の開始以前に死亡し、または第891条の規定に該当し、もしくは廃除によって、その代襲相続権を失った場合について準用する。

(1) 代襲相続について、図解する。

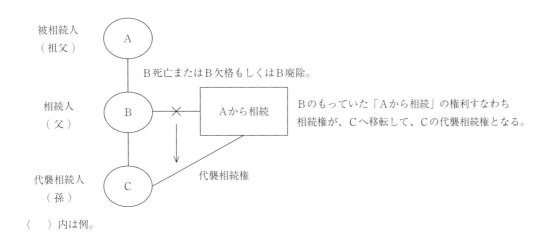

被相続人
（祖父）

A

B死亡またはB欠格もしくはB廃除。

相続人
（父）

B　×　Aから相続

Bのもっていた「Aから相続」の権利すなわち
相続権が、Cへ移転して、Cの代襲相続権となる。

代襲相続人
（孫）

C　代襲相続権

（　　）内は例。

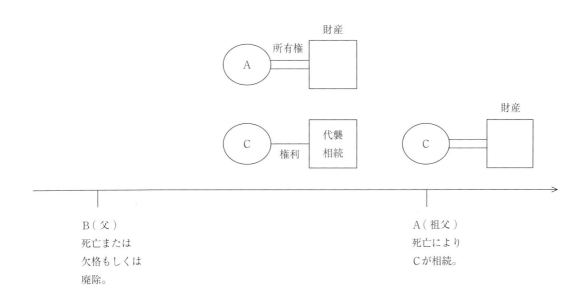

財産

A　所有権

C　権利　代襲相続

C　財産

B（父）
死亡または
欠格もしくは
廃除。

A（祖父）
死亡により
Cが相続。

第888条

代襲相続　　削除

第889条

直系尊属および兄弟姉妹の相続権

① 　次に掲げる者は、第887条の規定により相続人となるべき者がない場合には、次に掲げる順序の順位にしたがって相続人となる。
一　被相続人の直系尊属。ただし、親等の異なる者の間では、その近い者を先にする。
二　被相続人の兄弟姉妹

② 　第887条第2項（子の代襲者）の規定は、前項、第2号の場合について準用する。

第890条

配偶者の相続権

　被相続人の配偶者は、常に相続人となる。この場合において、第887条または前条の規定により相続人となるべき者があるときは、その者と同順位とする。

第891条

相続人の欠格事由

　次に掲げる者は、相続人となることができない。

一　故意に被相続人または相続について先順位もしくは同順位にある者を死亡するに至らせ、または至らせようとしたために、刑に処せられた者

二　被相続人の殺害されたことを知って、これを告発せず、または告訴しなかった者。ただし、その者に是非の弁別がないとき、または殺害者が自己の配偶者もしくは直系血族であったときは、この限りでない。

三　詐欺または強迫によって、被相続人が相続にかんする遺言をし、撤回し、取り消し、または変更することを妨げた者

四　詐欺または強迫によって、被相続人に相続にかんする遺言をさせ、撤回させ、取り消させ、または変更させた者

五　相続にかんする被相続人の遺言書を偽造し、変造し、破棄し、または隠匿した者

第892条

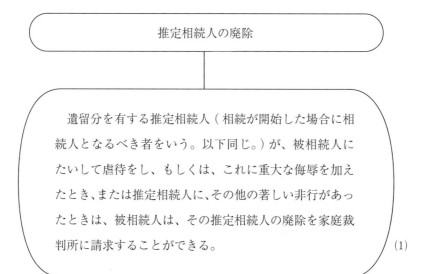

推定相続人の廃除

　遺留分を有する推定相続人（相続が開始した場合に相続人となるべき者をいう。以下同じ。）が、被相続人にたいして虐待をし、もしくは、これに重大な侮辱を加えたとき、または推定相続人に、その他の著しい非行があったときは、被相続人は、その推定相続人の廃除を家庭裁判所に請求することができる。　　　　　　　　　　　(1)

(1)　甲斐道太郎ほか・新民法概説(3)改訂版・親族・相続158頁を参照した。父に廃除された子は「父から相続」の権利を失う。しかし、その子であっても、母からの相続権は、もっている。

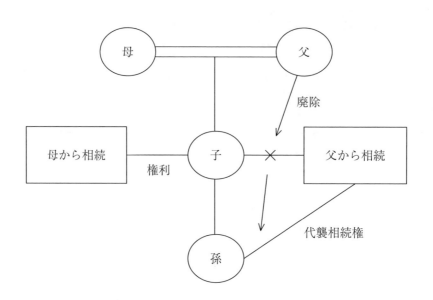

第893条

> 遺言による推定相続人の廃除

> 　被相続人が遺言で推定相続人を廃除する意思を表示したときは、遺言執行者は、その遺言が効力を生じた後、遅滞なく、その推定相続人の廃除を家庭裁判所に請求しなければならない。この場合において、その推定相続人の廃除は、被相続人の死亡の時に、さかのぼって、その効力を生ずる。

第894条

> 推定相続人の廃除の取消し請求権

① 　被相続人は、いつでも、推定相続人の廃除の取消しを家庭裁判所に請求することができる。

② 　前条の規定は、推定相続人の廃除の取消しについて準用する。

第895条

推定相続人の廃除にかんする審判確定前の遺産の管理

①
推定相続人の廃除または、その取消しの請求があった後、その審判が確定する前に、相続が開始したときは、家庭裁判所は、親族、利害関係人または検察官の請求によって、遺産の管理について必要な処分を命ずることができる。推定相続人の廃除の遺言があったときも、同様とする。

②
第27条から第29条まで（不在者の財産管理人の権利・義務）の規定は、前項の規定により家庭裁判所が遺産の管理人を選任した場合について準用する。

第3章　相続の効力（第1節〜第3節の関係）

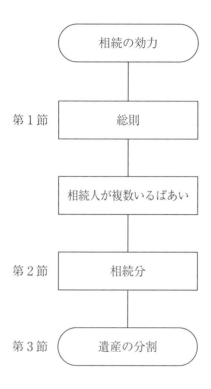

第1節　総則（896条～899条の2の関係）

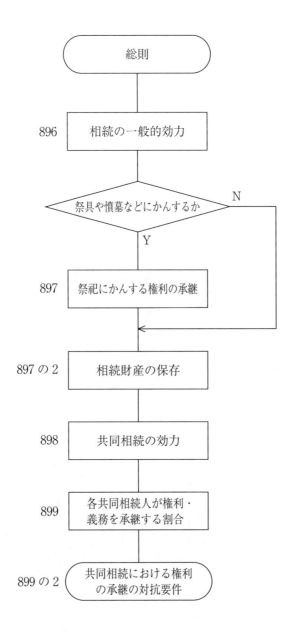

第896条

相続の一般的効力

相続人は、相続開始の時から、被相続人の財産に属した一切の権利・義務を承継する。ただし、被相続人の一身に専属したものは、この限りでない。　　(1)

(1)　高梨公之・監修・口語民法［新補訂2版］445頁を参照した。Xが、Yによる交通事故で、けがを
　　して、Xが、損害賠償を受け取らないうちに、死亡したばあい。

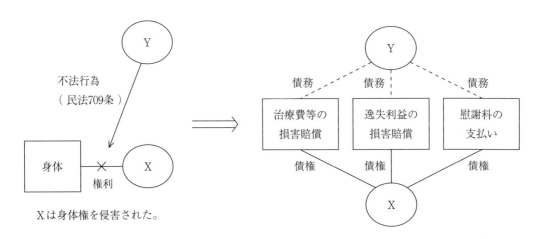

Xは身体権を侵害された。

逸失利益＝けがをして、収入が
　　　　　　得られなくなった損失。
慰謝料＝精神的損害（苦痛とか悲しみ
　　　　　のように、精神上被った不利益）
　　　　　の賠償として支払われる金銭。

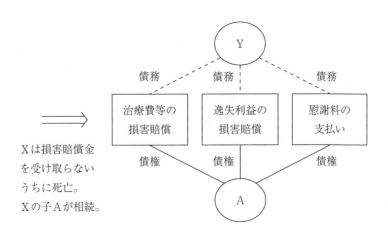

Xは損害賠償金
を受け取らない
うちに死亡。
Xの子Aが相続。

高梨公之・前掲・446頁を参照した。夫をＸ、保険者をＹ、妻をＡとし、相続人はＡだけとする。

[被相続人が保険金受取人のばあい]

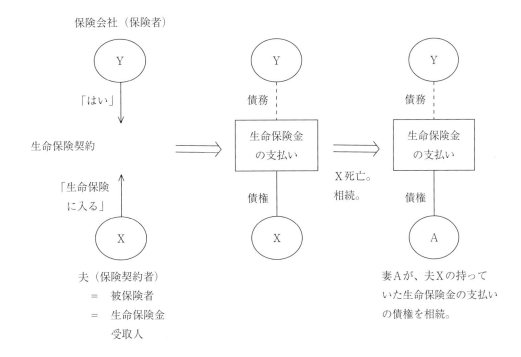

[相続人が保険金受取人のばあい]

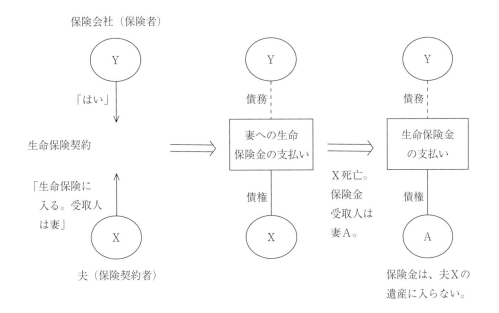

第897条

祭祀にかんする権利の承継

① 　系譜、祭具および墳墓の所有権は、前条の規定にかかわらず、慣習に従って祖先の祭祀を主宰すべき者が承継する。ただし、被相続人の指定に従って祖先の祭祀を主宰すべき者があるときは、その者が承継する。

② 　前項本文の場合において慣習が明らかでないときは、同項の権利を承継すべき者は、家庭裁判所が定める。

第897条の2

相続財産の保存

① 　家庭裁判所は、利害関係人または検察官の請求によって、いつでも、相続財産の管理人の選任その他の相続財産の保存に必要な処分を命ずることができる。ただし、相続人が一人である場合において、その相続人が相続の単純承認をしたとき、相続人が数人ある場合において遺産の全部の分割がされたとき、または第952条、第１項の規定により相続財産の清算人が選任されているときは、この限りでない。

② 　第27条から第29条まで（管理人の職務、権限、担保提供および報酬）の規定は、前項の規定により家庭裁判所が相続財産の管理人を選任した場合について準用する。

第898条

共同相続の効力

① 相続人が数人あるときは、相続財産は、その共有に属する。

② 相続財産について共有にかんする規定を適用するときは、第900条から第902条までの規定により算定した相続分をもって各相続人の共有持分とする。

第899条

各共同相続人が権利・義務を承継する割合

各共同相続人は、その相続分に応じて被相続人の権利義務を承継する。

(1)

(1)　高梨・前掲447頁を参照した。相続人は、妻と子Ａ、Ｂ、Ｃとする。相続人らが、被相続人（夫）の債権・債務を相続したばあい。数字の単位は万円とする。

〔夫である被相続人が持っていた債権を妻と子Ａ・Ｂ・Ｃが相続したとき〕

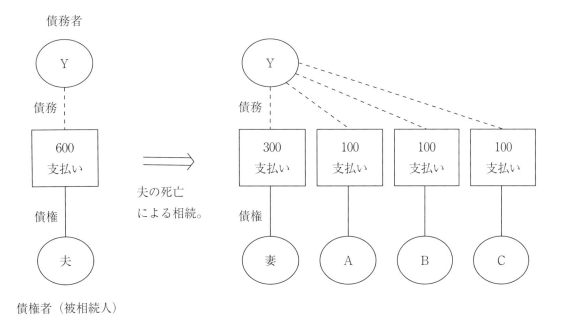

〔夫である被相続人が負っていた債務を妻と子Ａ・Ｂ・Ｃが相続したとき〕

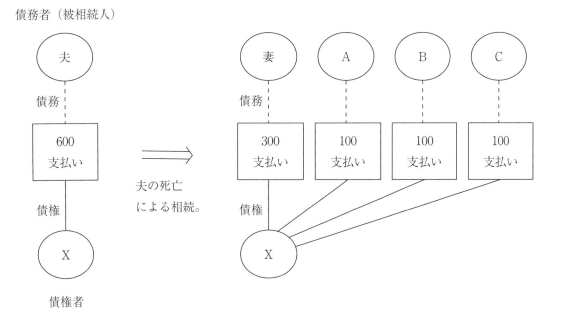

第899条の2

共同相続における権利の承継の対抗要件

① 　相続による権利の承継は、遺産の分割によるものかどうかにかかわらず、次条および第901条の規定により算定した相続分を超える部分については、登記、登録その他の対抗要件を備えなければ、第三者に対抗することができない。

② 　前項の権利が債権である場合において、次条および第901条の規定により算定した相続分を超えて当該債権を承継した共同相続人が当該債権に係る遺言の内容（遺産の分割により当該債権を承継した場合にあっては、当該債権に係る遺産の分割の内容）を明らかにして債務者に、その承継の通知をしたときは、共同相続人の全員が債務者に通知をしたものと見なして、同項の規定を適用

第2節　相続分（900条〜905条の関係）

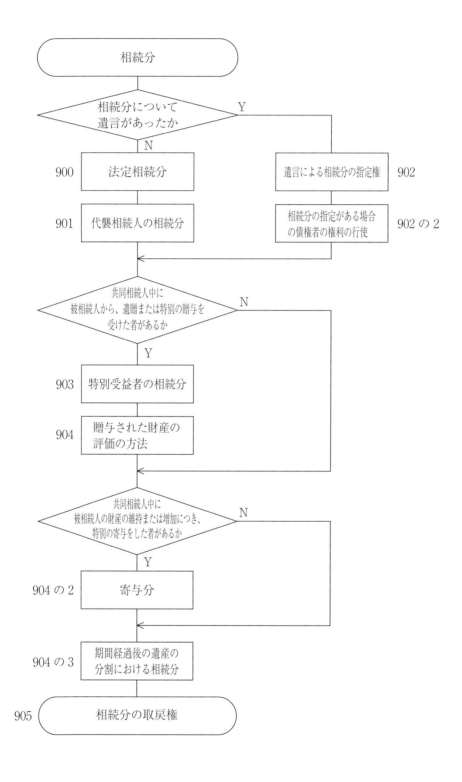

第900条

法定相続分

　　同順位の相続人が数人あるときは、その相続分は、次
の各号の定めるところによる。　　　　　　　　　　　　　　　(1)
一　子および配偶者が相続人であるときは、子の相続分
　　および配偶者の相続分は、各2分の1とする。
二　配偶者および直系尊属が相続人であるときは、配偶
　　者の相続分は、3分の2とし、直系尊属の相続分は、
　　3分の1とする。
三　配偶者および兄弟姉妹が相続人であるときは、配偶
　　者の相続分は、4分の3とし、兄弟姉妹の相続分は、
　　4分の1とする。
四　子、直系尊属または兄弟姉妹が数人あるときは、各
　　自の相続分は、相等しいものとする。ただし、父母
　　の一方のみを同じくする兄弟姉妹の相続分は、父母
　　の双方を同じくする兄弟姉妹の相続分の2分の1と
　　する。

(1)　高梨公之・前掲449頁を参照した。以下、夫が死亡したばあい。

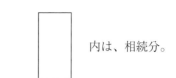

内は、相続分。

1号

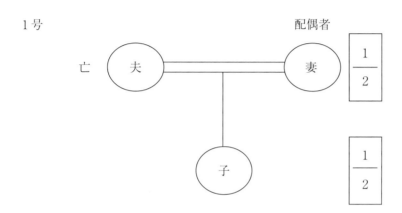

2号

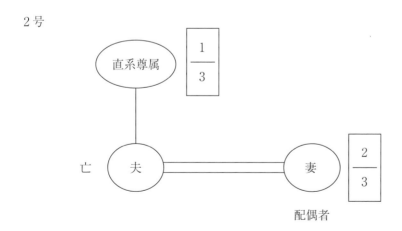

3号

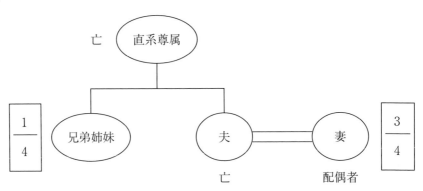

4号

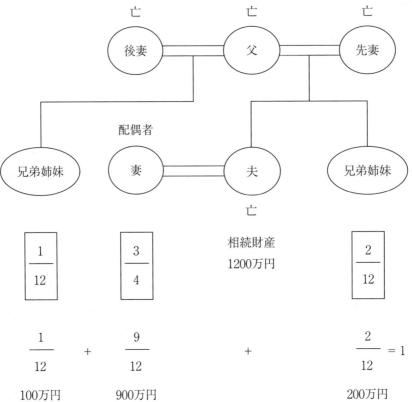

第901条

代襲相続人の相続分

① 　第887条、第2項または第3項の規定により相続人となる直系卑属の相続分は、その直系尊属が受けるべきであったものと同じとする。ただし、直系卑属が数人あるときは、その各自の直系尊属が受けるべきであった部分について、前条の規定にしたがって、その相続分を定める。

② 　前項の規定は、第889条、第2項の規定により、兄弟姉妹の子が相続人となる場合について準用する。

第902条

遺言による相続分の指定権

① 　被相続人は、前二条の規定にかかわらず、遺言で、共同相続人の相続分を定め、または、これを定めることを第三者に委託することができる。

② 　被相続人が、共同相続人中の一人もしくは数人の相続分のみを定め、または、これを第三者に定めさせたときは、他の共同相続人の相続分は、前二条の規定により定める。

第902条の 2

相続分の指定があるばあいの債権者の権利の行使

　被相続人が相続開始の時において有した債務の債権者は、前条の規定による相続分の指定がされた場合であっても、各共同相続人にたいし、第900条および第901条の規定により算定した相続分に応じて、その権利を行使することができる。ただし、その債権者が共同相続人の一人にたいして、その指定された相続分に応じた債務の承継を承認したときは、この限りでない。

第903条

特別受益者の相続分

① 　共同相続人中に、被相続人から、遺贈を受け、または婚姻もしくは養子縁組のため、もしくは生計の資本として贈与を受けた者があるときは、被相続人が相続開始の時において有した財産の価額に、その贈与の価額を加えたものを相続財産と見なし、第900条から第902条までの規定により算定した相続分の中から、その遺贈または贈与の価額を控除した残額をもって、その者の相続分とする。(1)

② 　遺贈または贈与の価額が、相続分の価額に等しく、または、これを超えるときは、受遺者または贈与者は、その相続分を受けることができない。

③ 　被相続人が前二項の規定と異なった意思を表示したときは、その意思に従う。

④ 　婚姻期間が20年以上の夫婦の一方である被相続人が、他の一方にたいし、その居住の用に供する建物または、その敷地について遺贈または贈与をしたときは、当該被相続人は、その遺贈または贈与について第1項の規定を適用しない旨の意思を表示したものと推定する。

(1)　高梨公之・前掲450頁以下を参照した。夫が死亡して、妻と三人の子Ａ、Ｂ、Ｃが相続人のばあい。夫は、生前、Ａに300万円相当の株式を与える旨の遺贈をしていた。夫はＡに、商売をはじめる元手として200万円を贈与していた。夫はＢに、婚姻のための家具等について100万円相当の財産を贈与していた。子Ａ、Ｂの受けた利益が、特別受益である。図のなかの数字は万円単位とする。

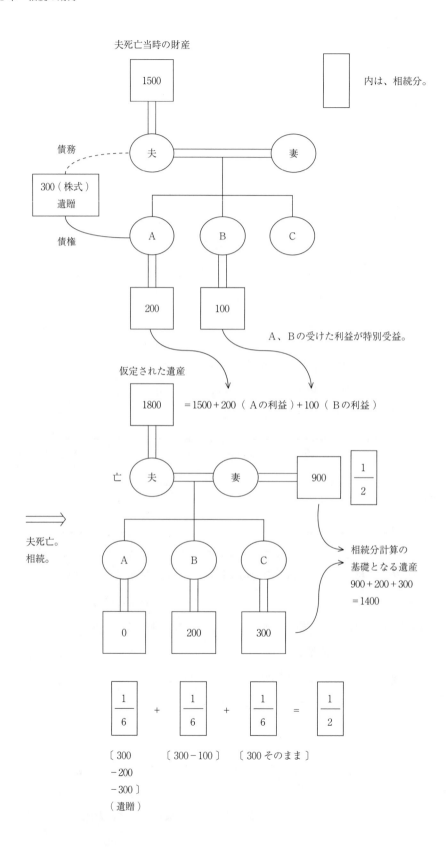

夫死亡当時の財産

内は、相続分。

債務

300（株式）
遺贈

債権

A、Bの受けた利益が特別受益。

仮定された遺産

＝1500＋200（Aの利益）＋100（Bの利益）

亡

相続分計算の
基礎となる遺産
900＋200＋300
＝1400

夫死亡。
相続。

$$\frac{1}{6} + \frac{1}{6} + \frac{1}{6} = \frac{1}{2}$$

〔300
－200
－300〕
（遺贈）

〔300－100〕

〔300そのまま〕

第904条

贈与された財産の評価の方法

　前条に規定する贈与の価額は、受贈者の行為によって、その目的である財産が滅失し、または、その価格の増減があったときであっても、相続開始の時において、なお原状のままであるものと見なして、これを定める。

第904条の2

寄与分

① 　共同相続人中に、被相続人の事業にかんする労務の提供または財産上の給付、被相続人の療養看護その他の方法により被相続人の財産の維持または増加について特別の寄与をした者があるときは、被相続人が相続開始の時において有した財産の価額から共同相続人の協議で定めた、その者の寄与分を控除したものを相続財産と見なし、第900条から第902条までの規定により算定した相続分に寄与分を加えた額をもって、その者の相続分とする。(1)

② 　前項の協議が調わないとき、または協議をすることができないときは、家庭裁判所は、同項に規定する寄与をした者の請求により、寄与の時期、方法および程度、相続財産の額その他、一切の事情を考慮して、寄与分を定める。

③ 　寄与分は、被相続人が相続開始の時において有した財産の価額から遺贈の価額を控除した残額を超えることができない。

④ 　第2項の請求は、第907条、第2項の規定による請求があった場合または第910条に規定する場合にすることができる。

(1)　父の遺産を1500万円とし、相続人は、三人の子Ａ、Ｂ、Ｃとする。図のなかの数字の単位は万円とする。高梨・前掲456頁以下を参照した。

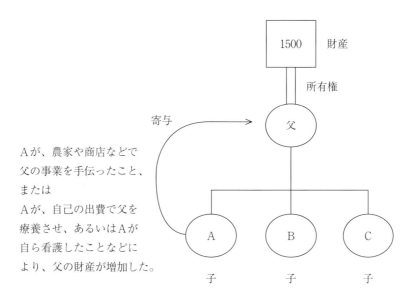

Ａが、農家や商店などで
父の事業を手伝ったこと、
または
Ａが、自己の出費で父を
療養させ、あるいはＡが
自ら看護したことなどに
より、父の財産が増加した。

父、死亡。
相続。

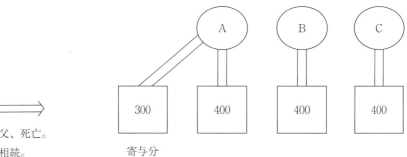

寄与分

〔寄与分の計算〕

父の遺産1500からＡの寄与分300を引く。残りの1200を
相続財産と見なして、相続分を算出する。すなわち、
Ａ、Ｂ、Ｃ三人で、均等に分割する。さらに、Ａに
寄与分を加える。

第904条の3

> 期間経過後の遺産の分割における相続分

　前三条の規定は、相続開始の時から10年を経過した後にする遺産の分割については、適用しない。ただし、次の各号のいずれかに該当するときは、この限りでない。
一　相続開始の時から10年を経過する前に、相続人が家庭裁判所に遺産の分割の請求をしたとき。
二　相続開始の時から始まる10年の期間の満了前、6箇月以内の間に、遺産の分割を請求することができないやむを得ない事由が相続人にあった場合において、その事由が消滅した時から6箇月を経過する前に、当該相続人が家庭裁判所に遺産の分割の請求をしたとき。

第905条

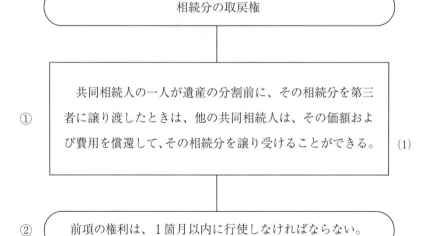

> 相続分の取戻権

① 　共同相続人の一人が遺産の分割前に、その相続分を第三者に譲り渡したときは、他の共同相続人は、その価額および費用を償還して、その相続分を譲り受けることができる。　(1)

② 　前項の権利は、1箇月以内に行使しなければならない。

(1)　高梨公之・前掲457頁を参照して図解する。

　たとえば、子Aと子Bが、親を相続して、共同相続人となり、まだ遺産の分割をする前に、子Aが遺産について持っている権利・義務のすべて（相続分）を、相続人以外の第三者Tに譲り渡したばあい。数字は、共有の持分とする。

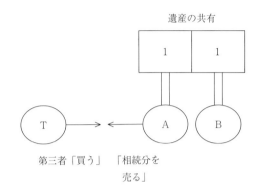

第三者「買う」　「相続分を
　　　　　　　　売る」

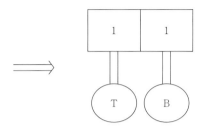

島津一郎編・有地　亨・注釈民法⑶親族・相続［第2版］278頁、1987年では、「・・・、第三者［T］の遺産分割の介入ということで紛糾するおそれがある・・・。」

有地亨・監修・上野雅和・口語親族相続法［補訂版］344頁、2005年では、「・・・、その他人［T］がその相続人［A］に替わって遺産の管理や分割に加わることになる。これは他の共同相続人［B］にとって好ましくない。」

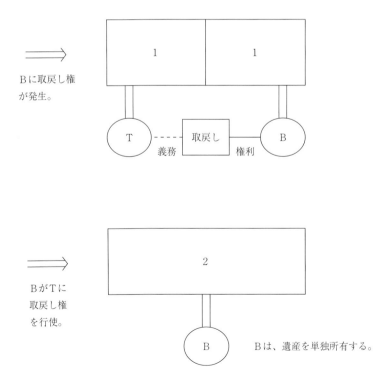

　なお、沼正也・与える強制奪う強制［新版］93頁以下に、本条について、つぎの異論がある。「詐欺・強迫等の取消事由があれば格別、かような取消事由がなければ 一たび 契約が成立した以上は、当事者・第三者とも取消（撤回）ができないというのが財産法上の抜きがたい原則ですが、この規定はなんらの財産法的取消事由なくして取戻ができるとするものです。これは、他人の手に渡すより、なるべく相続人の手許に遺産を止めしめようという封建遺制で、これでは財産法の機能を最大限に生き生きとはたさせることができないことはくわしく説くまでもないでしょう。・・・しょせんは、無用・削除せよということにつうずるのです。」

第3節　遺産の分割（906条〜914条の関係）

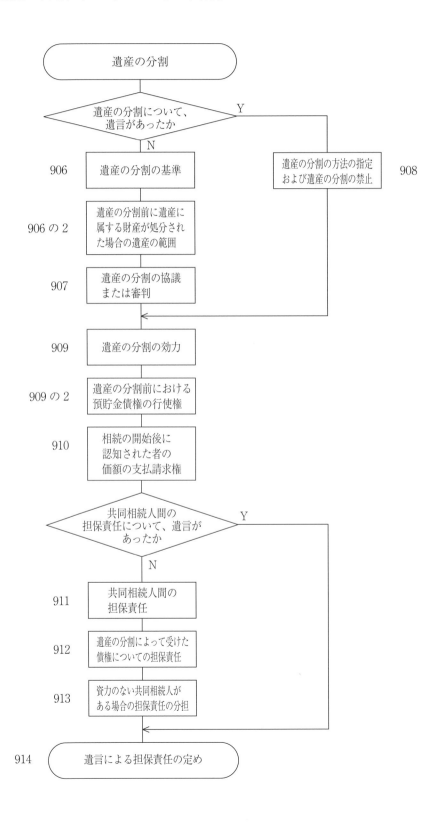

第906条

遺産の分割の基準

　遺産の分割は、遺産に属する物または権利の種類および性質、各相続人の年齢、職業、心身の状態および生活の状況その他、一切の事情を考慮して、これをする。

第906条の2

遺産の分割前に遺産に属する財産が処分された場合の遺産の範囲

① 　遺産の分割前に遺産に属する財産が処分された場合であっても、共同相続人は、その全員の同意により、当該処分された財産が遺産の分割時に遺産として存在するものと見なすことができる。

② 　前項の規定にかかわらず、共同相続人の一人または数人により同項の財産が処分されたときは、当該共同相続人については、同項の同意を得ることを要しない。

第907条

```
┌─────────────────────────────────────────┐
│          遺産の分割の協議または審判          │
└─────────────────────────────────────────┘
```

①

```
┌─────────────────────────────────────────┐
│   共同相続人は、次条、第１項の規定により被相続人が遺│
│  言で禁じた場合、または同条、第２項の規定により分割を│
│  しない旨の契約をした場合を除き、いつでも、その協議で、│
│  遺産の全部または一部の分割をすることができる。    │  (1)
└─────────────────────────────────────────┘
```

②

```
   遺産の分割について、共同相続人間に協議が調わない
  とき、または協議をすることができないときは、各共同
  相続人は、その全部または一部の分割を家庭裁判所に請
  求することができる。ただし、遺産の一部を分割するこ
  とにより他の共同相続人の利益を害するおそれがある場
  合における、その一部の分割については、この限りでな
  い。
```

(1)　高梨公之・監修・口語民法［新補訂2版］459頁を参照した。父の遺産である営業用資産を、子の
　　Aだけが相続し、Aが他の相続人である子B、子Cにたいし、債務を弁済する方法。数字の単位は万
　　円とする。

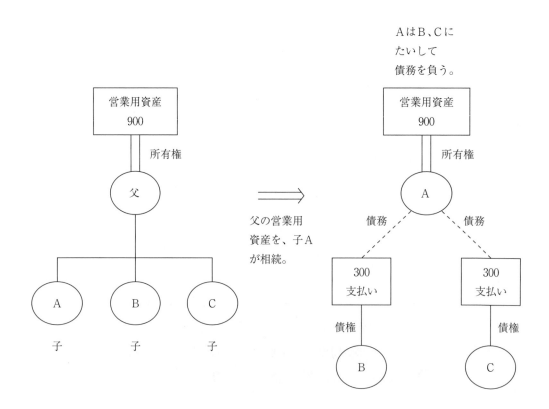

第908条

遺産の分割の方法の指定および遺産の分割の禁止

① 　被相続人は、遺言で、遺産の分割の方法を定め、もしくは、これを定めることを第三者に委託し、または相続開始の時から５年を超えない期間を定めて、遺産の分割を禁ずることができる。

② 　共同相続人は、５年以内の期間を定めて、遺産の全部または一部について、その分割をしない旨の契約をすることができる。ただし、その期間の終期は、相続開始の時から10年を超えることができない。

③ 　前項の契約は、５年以内の期間を定めて更新することができる。ただし、その期間の終期は、相続開始の時から10年を超えることができない。

④ 　前条、第２項、本文の場合において、特別の事由があるときは、家庭裁判所は、５年以内の期間を定めて、遺産の全部または一部について、その分割を禁ずることができる。ただし、その期間の終期は、相続開始の時から10年を超えることができない。

⑤ 　家庭裁判所は、５年以内の期間を定めて、前項の期間を更新することができる。ただし、その期間の終期は、相続開始の時から10年を超えることができない。

第909条

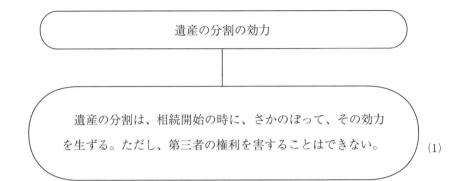

(1) 高梨・前掲・459頁以下を参照した。共同相続人を三人の子A、B、C、第三者をTとする。遺産分割の前に、Bが甲土地のBの持分を、第三者Tに譲渡した。遺産分割の結果、Aが甲土地を単独で取得した。以下の数字は、持分とする。持分とは、各共有者A、B、Cが、共有の目的物（甲土地）について有する権利の分数的割合。ここではA、B、Cは同じ割合。

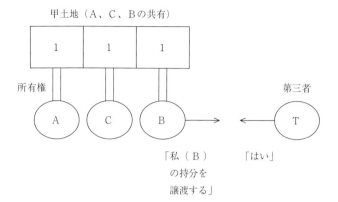

甲土地（A、C、Bの共有）

所有権　　　　　　　　　　　　　第三者

「私（B）
の持分を
譲渡する」　　「はい」

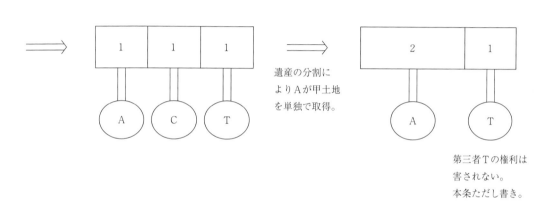

遺産の分割に
よりAが甲土地
を単独で取得。

第三者Tの権利は
害されない。
本条ただし書き。

※2　相続開始のときから、Aが甲土地の所有者であったとして取り扱われる。本条・本文。

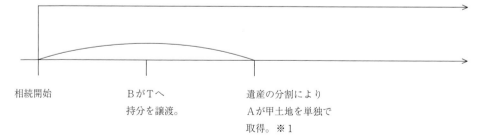

相続開始　　　　　BがTへ　　　　　遺産の分割により
　　　　　　　　　持分を譲渡。　　　Aが甲土地を単独で
　　　　　　　　　　　　　　　　　　取得。　※1

第909条の2

> 遺産の分割前における預貯金債権の行使権

> 　各共同相続人は、遺産に属する預貯金債権のうち相続開始の時の債権額の3分の1に、第900条および第901条の規定により算定した当該共同相続人の相続分を乗じた額（標準的な当面の必要生計費、平均的な葬式の費用の額その他の事情を勘案して預貯金債権の債務者ごとに法務省令で定める額を限度とする。）については、単独で、その権利を行使することができる。この場合において、当該権利の行使をした預貯金債権については、当該共同相続人が遺産の一部の分割により、これを取得したものと見なす。

第910条

> 相続の開始後に認知された者の価額の支払請求権

> 　相続の開始後、認知によって相続人となった者が遺産の分割を請求しようとする場合において、他の共同相続人が、すでに、その分割その他の処分をしたときは、価額のみによる支払の請求権を有する。　　　　　　　(1)

(1)　高梨公之・前掲・460頁を参照した。父の嫡出子をA、Bとする。父が死亡して相続が開始した後、A、Bが、父の遺産を分割した。その後、亡父の非嫡出子としてCが認知されたばあい。父の遺産は、600万円相当の不動産とする。以下の数字は、万円単位とする。

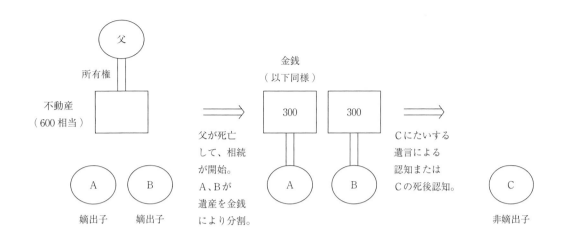

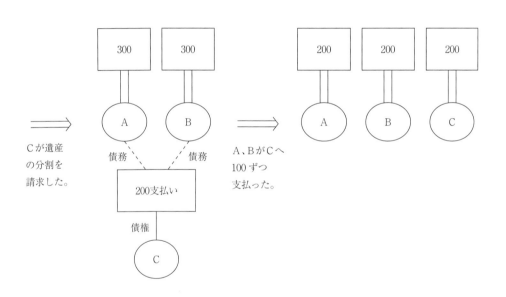

※2　民法784条本文「認知は、出生の時にさかのぼって、その効力を生ずる。」すなわち
　　　Cは、出生のときから、父の子であったことになる。

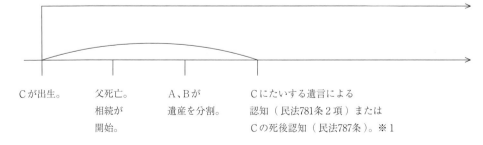

第911条

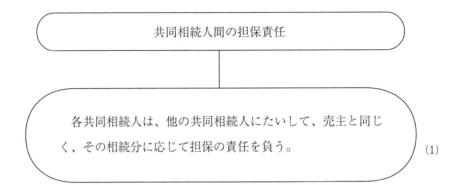

共同相続人間の担保責任

　　各共同相続人は、他の共同相続人にたいして、売主と同じく、その相続分に応じて担保の責任を負う。　　(1)

(1)　松川正毅・新基本法コンメンタール・相続123頁を参照した。三人の子、A、B、Cは共同相続人であり、Xは、Cが相続した土地の一部の所有者である。数字の単位は万円とする。

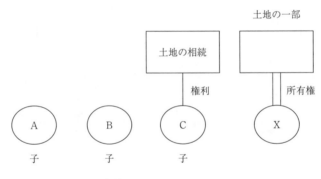

A、B、Cは共同相続人。

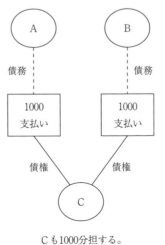

⟹

Cが相続した土地の
一部が他人Xの所有
であることが判明し、
土地の価値が4000
から1000になった。
3000相当の価値を
A、B、Cで分担。

A、BはCにたいして、売主と同じく
相続分におうじて担保の責めを負う。

Cも1000分担する。

第912条

遺産の分割によって受けた債権についての担保責任

① 各共同相続人は、その相続分に応じ、他の共同相続人が遺産の分割によって受けた債権について、その分割の時における債務者の資力を担保する。 (1)

② 弁済期に至らない債権および停止条件つきの債権については、各共同相続人は、弁済をすべき時における債務者の資力を担保する。

(1)　高梨公之・監修・前掲461頁を参照した。共同相続人をA、B、C、Dとする。Aが、Yから1000万円の支払いを受ける債権を相続した。しかし、債務者Yが600万円だけ支払ったばあい。共同相続人ABCDの相続分は同じとする。以下の数字の単位は万円とする。

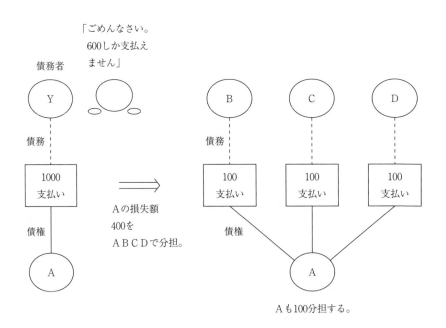

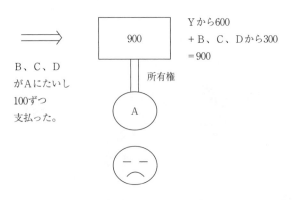

第913条

資力のない共同相続人がある場合の担保責任の分担

　　担保の責任を負う共同相続人中に償還をする資力のない者があるときは、その償還することができない部分は、求償者および他の資力のある者が、それぞれ、その相続分に応じて分担する。ただし、求償者に過失があるときは、他の共同相続人にたいして分担を請求することができない。

(1)

(2)

(1)　以下、(2)をふくめて、高梨公之・前掲461頁を参照した。民法912条の例で、共同相続人の一人B
　　が資力がないため、100万円の分担額のうち、40万円だけAに支払ったとき。C、Dは、20万円ずつ、
　　合計40万円をAに支払い、損失の残り20万円は、Aが負担する。以下の数字の単位は万円とする。

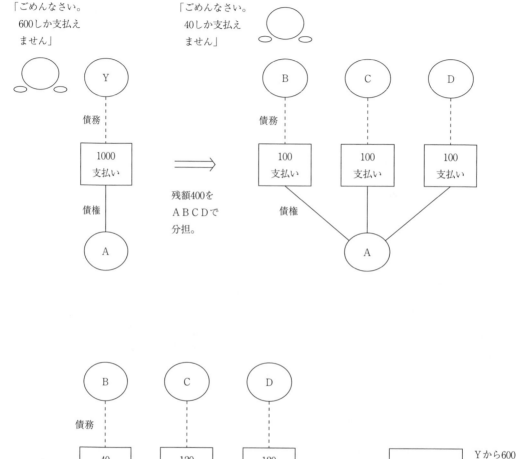

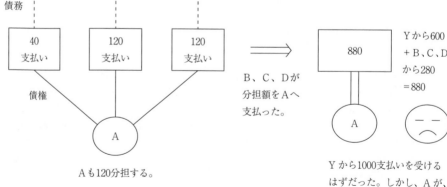

(2)　前例（民法913条・本文）で、AがBに早く支払いを求めなかったため、Bが資力不足になったとき。Aは、C、Dに分担を求めることはできない。

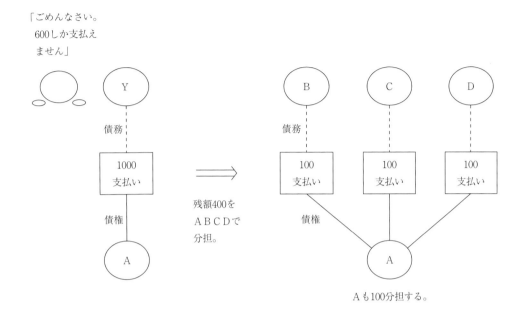

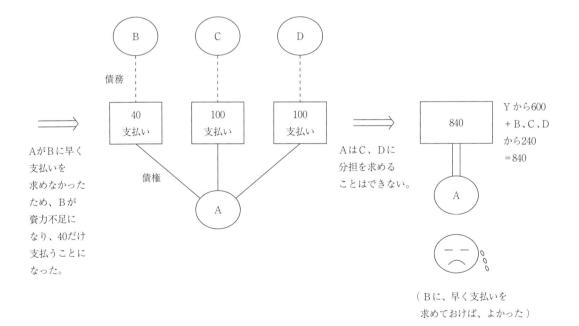

第914条

遺言による担保責任の定め

　前三条の規定は、被相続人が遺言で別段の意思を表示したときは、適用しない。

第4章　相続の承認および放棄（第1節～第3節の関係）

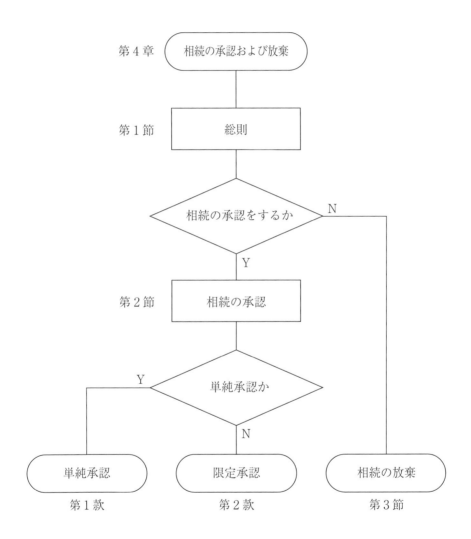

第1節　総則（915条～919条の関係）

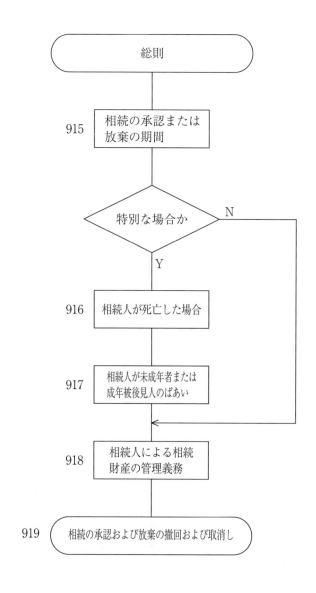

第915条

```
┌─────────────────────────────────────────────┐
│    相続の承認または放棄をしなければならない期間    │
└─────────────────────────────────────────────┘
```

①
```
┌─────────────────────────────────────────────┐
│    相続人は、自己のために相続の開始があったことを知っ │
│  た時から3箇月以内に、相続について、単純もしくは限定 │
│  の承認または放棄をしなければならない。ただし、この期 │
│  間は、利害関係人または検察官の請求によって、家庭裁判 │
│  所において伸長することができる。                 │
└─────────────────────────────────────────────┘
```

②
```
┌─────────────────────────────────────────────┐
│    相続人は、相続の承認または放棄をする前に、相続財 │
│  産の調査をすることができる。                     │
└─────────────────────────────────────────────┘
```

第916条

```
┌─────────────────────────────────────────────┐
│            熟慮期間の特例 ― その1             │
└─────────────────────────────────────────────┘
```

```
┌─────────────────────────────────────────────┐
│    相続人が相続の承認または放棄をしないで死亡したと │
│  きは、前条、第1項の期間は、その者の相続人が自己の │
│  ために相続の開始があったことを知った時から起算す │
│  る。                                      (1)│
└─────────────────────────────────────────────┘
```

(1)　高梨公之・監修・萩原太郎・山川一陽・口語民法［新補訂2版］463頁を参照した。Aが1月1日
に死亡した後、Aの相続人のBが3月1日に「Aの相続の承認・放棄」をしないで死亡したばあい、
Bの相続人Cの権利行使の期間は、どうなるかという問題。

（例）

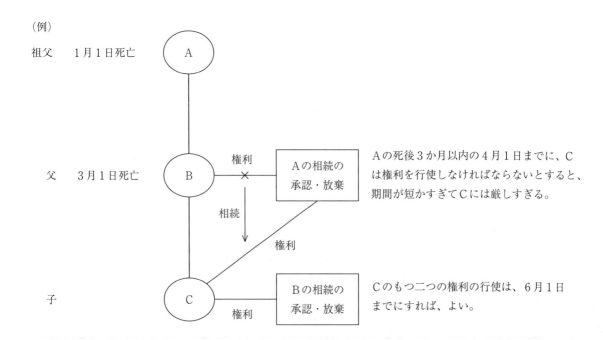

祖父　1月1日死亡　Ⓐ

父　3月1日死亡　Ⓑ —権利×— Aの相続の承認・放棄

Aの死後3か月以内の4月1日までに、Cは権利を行使しなければならないとすると、期間が短かすぎてCには厳しすぎる。

相続↓　権利

子　Ⓒ —権利— Bの相続の承認・放棄

Cのもつ二つの権利の行使は、6月1日までにすれば、よい。

第917条

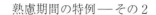

```
┌─────────────────────────────────────┐
│         熟慮期間の特例──その２          │
└─────────────────────────────────────┘
```

```
┌─────────────────────────────────────────┐
│　　相続人が未成年者または成年被後見人であるときは、　　│
│　第915条、第１項の期間は、その法定代理人が未成年者　│
│　または成年被後見人のために相続の開始があったことを　│
│　知った時から起算する。　　　　　　　　　　　　　　│
│　　　　　　　　　　　　　　　　　　　　　　　　(1)│
└─────────────────────────────────────────┘
```

(1)　高梨・前掲463頁を参照した。相続人Ａが未成年者または成年被後見人のばあい。ＢはＡの法定代理人。

被相続人

Ⓧ

Ⓑ　　　　　　Ⓐ

Ａの法定代理人　　　相続人
　　　　　　　　未成年者
　　　　　　　　または
　　　　　　　　成年被後見人

⟹
Ｘ死亡。
Ａが相続。

Ⓑ　　　　　Ⓐ ┌──────────┐
　　　　　　　　権利│Ｘの相続の│
　　　　　　　　　　　│承認・放棄│
　　　　　　　　　　　└──────────┘

Ａが相続したことをＢが知ったときから、Ｂが３カ月以内に、
Ｘの相続の承認・放棄の権利を行使すれば、よい。

第918条

相続人による相続財産の管理義務

　相続人は、その固有財産におけるのと同一の注意をもって、相続財産を管理しなければならない。ただし、相続の承認または放棄をしたときは、この限りでない。

第919条

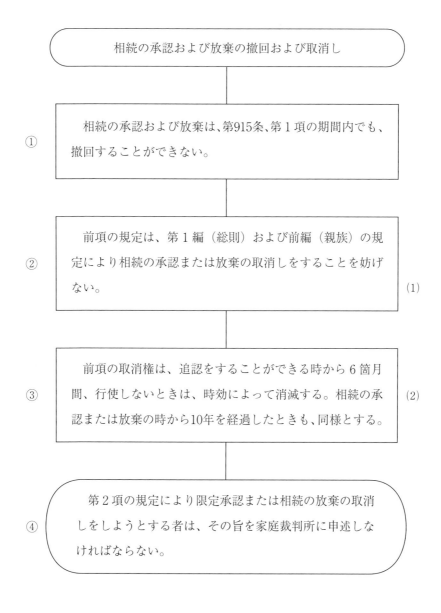

相続の承認および放棄の撤回および取消し

① 　相続の承認および放棄は、第915条、第1項の期間内でも、撤回することができない。

② 　前項の規定は、第1編（総則）および前編（親族）の規定により相続の承認または放棄の取消しをすることを妨げない。　　(1)

③ 　前項の取消権は、追認をすることができる時から6箇月間、行使しないときは、時効によって消滅する。相続の承認または放棄の時から10年を経過したときも、同様とする。　　(2)

④ 　第2項の規定により限定承認または相続の放棄の取消しをしようとする者は、その旨を家庭裁判所に申述しなければならない。

(1)　沼正也・与える強制と奪う強制［新版］207頁では、つぎのように述べられる。「一度相続の放棄を
　　すると、放棄をなしうる期間が残存していても、放棄の撤回をすることはできません。『撤回』が許
　　容されないのであって、詐欺や強迫等に基づくほんらいの『取消事由』がある場合には、これに反し
　　放棄の期間満了後でもべつに定める期間内は、取消ができることとなっています。のちに説くように、
　　承認についても、同断です。」

(2)　大原長和・口語親族相続法・補訂版370頁では、つぎのように述べられる。「取消権の消滅時効を一
　　般の場合（→　一二六条）よりも短縮（五年を六か月に）したのは、相続関係はなるべく早く確定
　　させないと、その影響が大きいからである。」

第2節　相続の承認
第1款　単純承認

第920条

```
　　　　　　　　　　　　単純承認の効力
```

　　相続人は、単純承認をしたときは、無限に被相続人の権利義務を承継する。

第921条

```
　　　　　　　　　　　　法定単純承認
```

　　次に掲げる場合には、相続人は、単純承認をしたものと見なす。

一　相続人が相続財産の全部または一部を処分したとき。ただし、保存行為および第602条に定める期間を超えない賃貸をすることは、この限りでない。

二　相続人が第915条、第1項の期間内に限定承認または相続の放棄をしなかったとき。

三　相続人が、限定承認または相続の放棄をした後であっても、相続財産の全部もしくは一部を隠匿し、私に、これを消費し、または悪意で、これを相続財産の目録中に記載しなかったとき。ただし、その相続人が相続の放棄をしたことによって相続人となった者が相続の承認をした後は、この限りでない。　　(1)

(2)

(1)　(2)もふくめて、高梨・前掲465頁、沼正也・与える強制と奪う強制［新版］214頁を参照した。家庭
裁判所を家裁と記す。

(1)　三号本文

(2)　三号ただし書

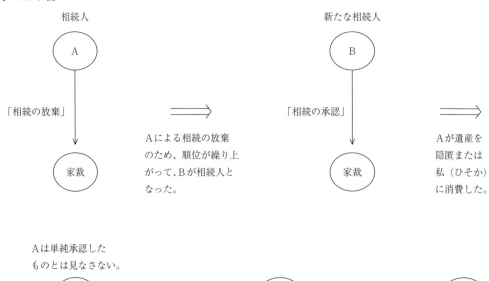

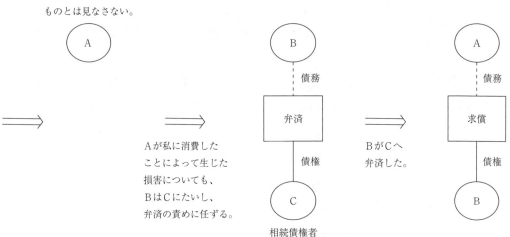

第2款　限定承認（922条〜937条の関係）

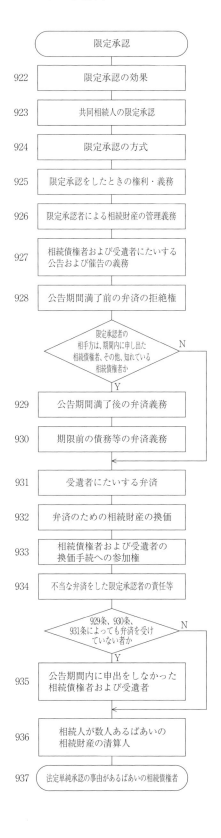

第922条

```
┌─────────────────────────────────────────────┐
│              限定承認の効果                   │
└─────────────────────────────────────────────┘
                      │
┌─────────────────────────────────────────────┐
│   相続人は、相続によって得た財産の限度においてのみ │
│  被相続人の債務および遺贈を弁済すべきことを留保し │
│  て、相続の承認をすることができる。          (1) │
└─────────────────────────────────────────────┘
```

(1)　沼正也・与える強制と奪う強制［新版］223頁以下において、市民社会法における限定承認の存在理由について、つぎのように述べられる。「相続財産を清算して積極財産が超過となった場合には、その限定承認が無効となって単純承認になるというものではありません。債務超過が明白な場合でなくても、極端な場合についていえば積極財産のほうが多いこと明白な場合であっても限定承認をすることが許されるのです。相続人の固有財産と切り離して相続財産を清算しその積極財産の残余分は清算終了後に、相続人の固有財産と混同することになるのです。相続人に限定承認をすることを認容すれば、相続債権者はいわゆる焦げつき債権を生じ不利益を蒙るおそれをきたし、放棄だけを認めて限定承認を認めなければ、清算してみなければ債権・債務いずれが多いか分からない場合や相続人に不知な相続債権者があって放棄をしなかったばかりに生涯首も回らぬ破目に陥る場合もなしとしません。相続債権者は被相続人が死亡したのちでもあくまで弁済をうけたいという意思をもち、相続人は万一積極財産が多いのならそれは欲しいという意思をもつわけです。この背反する意思を秤にかけて、後者のがわにより大きなウェイトをおくのが、限定承認の制度なのです。市民社会法は個々人の独立を人の理念的属性とするのですから、たとえば、子であるがゆえに親の借金をいやおうなく引き継がねばならないという理に帰着する家制度的要請の法的受容に通ずる相続債権者がわの意思により大なるウェイトをおくわけにはいかないからです。近代法は厳密な二分法の原理のうえに構築せられる法体系ですから、限定承認は相続放棄に対する非放棄すなわち相続の承認の領域なのです。半ば承認半ば放棄という中間的領域ではありません。こうして、承認が内的に無限責任の承認と有限責任の承認とに分別されるのです。いうまでもなく、前者が単純承認であり、後者が非単純承認＝限定承認なのです。」

以上の記述の最後の部分を流れ図にする。

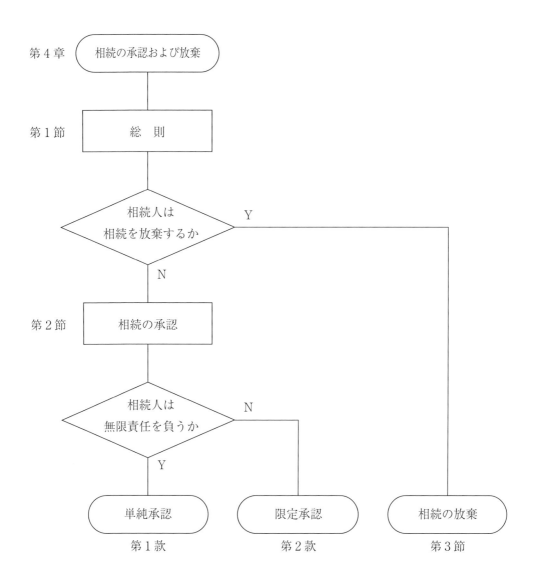

第923条

共同相続人の限定承認

相続人が数人あるときは、限定承認は、共同相続人の全員が共同してのみ、これをすることができる。 (1)

(1)　沼正也・与える強制と奪う強制［新版］224頁以下において、限定承認の問題点について、つぎのように述べられる。「ところで、『相続人が数人あるときは、限定承認は、共同相続人の全員が共同してのみこれをすることができる。』とされています（九二三条）。これは個々人の意思のあくなき尊重からすれば、非近代的な規定づけといわなければなりません。近代法の背反をあえて犯しているのですから、たちまち近代法の諸規整と抵触しあちこちで無理・強引な問題解決を迫られているに違いありません。これは、昭和二二年の大改正にさいして新設せられた規定で、新法の犯した大きな過誤の一つというべきものなのです。もちろん、国会でもその不当さが指摘されました。『……自己の持分の範囲において自由に限定承認ができるという規定にした方が、法規の複雑化を避け実際の便宜に適するのではないか』という程度の質疑で、問者のがわにも近代法理の明確な認識に出たきびしい咎め立てになっていないのは遺憾でしたが、答者――政府委員は、この質疑にこう答えています。『……数人の遺産相続人で、一人が限定承認をし、一人が単純承認をし、一人が放棄をするというようにごっちゃになっては、清算の手続が非常に複雑になってまいって、収拾がほとんど不可能になると考えまして、とにかく全員一致してやらなければ限定承認はできぬ。全員一致の歩調をとるという建前にする。現在でもそう解釈をなす人があるのでありますが、その点を全部が限定承認して、初めて限定承認ということで清算をやっていくということが、一番明快ではないかということで、全員一致共同してやらなければ限定承認はできぬということに、画一的にいたしたのであります。』云々というものでした。矛盾は、つぎのようにしていたるところで起こってきます。共同相続人のうち一人でも限定承認に反対をすれば限定承認はできなくなり、限定承認をしたい者は相続放棄によることになります。放棄は、めいめい単独でできるのですから。共同相続人のうちだれかが一存で放棄をしたのちでは、もう限定承認はできなくなるのです（第九一九条第一項で、放棄の撤回は許されないことに関連。）。共同相続人中だれかが『相続財産の全部又は一部を処分したとき。』は法定単純承認をしたことになるのですから（九二一条一号）、この場合も限定承認はできないことになるはずです。共同相続人のだれかが行方不明の場合でも、同様な理となるはずです。では、限定承認をしたのち、『相続人が、……相続財産の全部若しくは一部を隠匿し、私にこれを消費し、又は悪意でこれを財産目録中に記載しなかったとき。』はどうなるでしょうか。これまた法定単純承認とみなされるのですから（九二一条三号）、限定承認は相続人の全員にとって無効となるはずです。やりかけた清算も、無効に

帰することにならざるをえません。これでは、『清算の手続が非常に複雑にな』るばかりかこうなっ
てこそ『ごっちゃになって』しまいますので、この場合には限定承認はそのまま効力をもち続け、『限
定承認をした共同相続人の一人又は数人について第九百二十一条第一号又は第三号に掲げる事由があ
るときは、相続債権者は、相続財産を以て弁済を受けることができなかった債権額について、その者
に対し、その相続分に応じて権利を行うことができる。』（九三七条）という苦肉の策をとらざるをえ
ざらしめているのです。こういう結果となるのは、さいしょから法論理の必然というべきです。それ
なら、始めから共同相続人がそれぞれ単独に限定承認できるものとし近代法理に徹すべきだったので
あり、そのうえで清算手続が可及的複雑化しないように善処すべきだったのです。このような人間意
思の次元でないところの清算手続の複雑化回避などにのみ重点のおかれた規定は、近代相続法のなか
の夾雑規定なのですから、夾雑規定の解釈についての原則からして（中略）、最大限に縮小解釈がこ
ころみられるべく、したがって共同相続人中に相続財産の処分をした者があったのちでも、他の共同
相続人は限定承認をすることができ（他の共同相続人のみの共同。手続上、全員の共同の形をとる必
要はないと解する。）、共同相続人のうち一人または数人が放棄した場合でも行方不明な場合でも同
断と解すべきことになります。」以上のように、沼博士は、「・・・、始めから共同相続人がそれぞれ
単独に限定承認できるものとし近代法理に徹すべきだったのであり、そのうえで清算手続が可及的複
雑化しないように善処すべきだったのです。」とされる。

第924条

限定承認の方式

　相続人は、限定承認をしようとするときは、第915条、第１項の期間内に、相続財産の目録を作成して家庭裁判所に提出し、限定承認をする旨を申述しなければならない。

第925条

限定承認をしたときの権利・義務

　相続人が限定承認をしたときは、その被相続人にたいして有した権利・義務は、消滅しなかったものと見なす。

第926条

限定承認者による相続財産の管理義務

① 　限定承認者は、その固有財産におけるのと同一の注意をもって、相続財産の管理を継続しなければならない。

② 　第645条（受任者による報告）、第646条（受任者による受取物の引渡し等）ならびに第650条、第1項および第2項（受任者による費用等の償還請求権等）の規定は、前項の場合について準用する。

第927条

相続債権者および受遺者にたいする公告および催告の義務

① 　限定承認者は、限定承認をした後、５日以内に、すべての相続債権者（相続財産に属する債務の債権者をいう。以下同じ。）および受遺者にたいし、限定承認をしたこと、および一定の期間内に、その請求の申出をすべき旨を公告しなければならない。この場合において、その期間は、２箇月を下ることができない。

② 　前項の規定による公告には、相続債権者および受遺者が、その期間内に申出をしないときは弁済から除斥されるべき旨を付記しなければならない。ただし、限定承認者は、知れている相続債権者および受遺者を除斥することができない。

③ 　限定承認者は、知れている相続債権者および受遺者には、各別に、その申出の催告をしなければならない。

④ 　第１項の規定による公告は、官報に掲載してする。

第928条

公告期間満了前の弁済の拒絶権

　限定承認者は、前条、第１項の期間の満了前には、相続債権者および受遺者にたいして弁済を拒むことができる。

第929条

公告期間満了後の弁済義務

　第927条、第１項の期間が満了した後は、限定承認者は、相続財産をもって、その期間内に同項の申出をした相続債権者その他、知れている相続債権者に、それぞれ、その債権額の割合に応じて弁済をしなければならない。ただし、優先権を有する債権者の権利を害することはできない。

第930条

期限前の債務等の弁済義務

① 　限定承認者は、弁済期に至らない債権であっても、前条の規定にしたがって弁済をしなければならない。

② 　条件つきの債権または存続期間の不確定な債権は、家庭裁判所が選任した鑑定人の評価にしたがって弁済をしなければならない。

第931条

受遺者にたいする弁済

　限定承認者は、前二条の規定にしたがって、各相続債権者に弁済をした後でなければ、受遺者に弁済をすることができない。

第932条

弁済のための相続財産の換価

　前三条の規定にしたがって弁済をするにつき相続財産を売却する必要があるときは、限定承認者は、これを競売に付さなければならない。ただし、家庭裁判所が選任した鑑定人の評価にしたがい相続財産の全部または一部の価額を弁済して、その競売を止めることができる。

第933条

相続債権者および受遺者の換価手続への参加権

　相続債権者および受遺者は、自己の費用で、相続財産の競売または鑑定に参加することができる。この場合においては、第260条、第2項（共有物の分割への参加権）の規定を準用する。

第934条

不当な弁済をした限定承認者の責任等

① 　限定承認者は、第927条の公告もしくは催告をすることを怠り、または 同条、第1項の期間内に相続債権者もしくは受遺者に弁済をしたことによって他の相続債権者もしくは受遺者に弁済をすることができなくなったときは、これによって生じた損害を賠償する責任を負う。第929条から第931条までの規定に違反して弁済をしたときも、同様とする。

② 　前項の規定は、情を知って不当に弁済を受けた相続債権者または受遺者にたいする他の相続債権者または受遺者の求償を妨げない。

③ 　第724条（不法行為による損害賠償請求権の消滅時効）の規定は、前二項の場合について準用する。

第935条

公告期間内に申出をしなかった相続債権者および受遺者

　第927条、第1項の期間内に同項の申出をしなかった相続債権者および受遺者で限定承認者に知れなかったものは、残余財産についてのみ、その権利を行使することができる。ただし、相続財産について特別担保を有する者は、この限りでない。

第936条

相続人が数人ある場合の相続財産の清算人

① 　相続人が数人ある場合には、家庭裁判所は、相続人の中から、相続財産の清算人を選任しなければならない。

② 　前項の相続財産の清算人は、相続人のために、これに代わって、相続財産の管理および債務の弁済に必要な一切の行為をする。

③ 　第926条から前条まで（限定承認者の任務）の規定は、第1項の相続財産の清算人について準用する。この場合において、第927条、第1項中「限定承認をした後5日以内」とあるのは、「その相続財産の清算人の選任があった後10日以内」と読み替えるものとする。

第937条

法定単純承認の事由がある場合の相続債権者

限定承認をした共同相続人の一人または数人について第921条、第1号または第3号に掲げる事由があるときは、相続債権者は、相続財産をもって弁済を受けることができなかった債権額について、当該共同相続人にたいし、その相続分に応じて権利を行使することができる。　　(1)

(1)　高梨公之・監修・口語民法［新補訂2版］471頁以下を参照した。分数は相続分である。金額の単
　　位は万円とする。

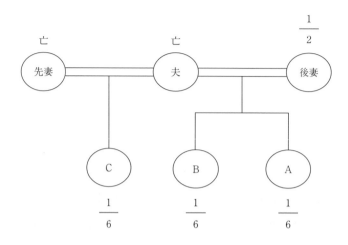

　　夫の遺産が300、夫の債務が900で、後妻と子A、B、Cが限定承認をした。夫の相続債権者をXとす
る。Xは相続人たちにたいして、900支払いの債権をもつ。しかし、限定承認のため、Xは300支払いの
債権をもつだけである。ところが、共同相続人の中の一人Aが遺産の処分をしたことなどにより、Xは
Aにたいし、さらに請求することができる。

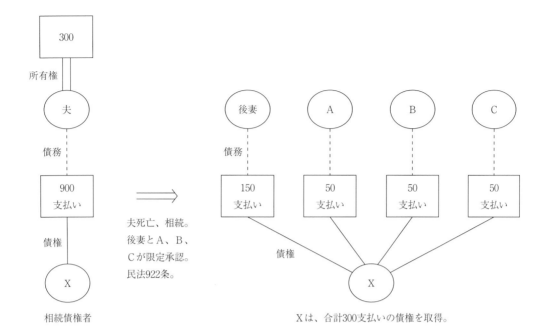

夫死亡、相続。
後妻とA、B、
Cが限定承認。
民法922条。

Xは、合計300支払いの債権を取得。

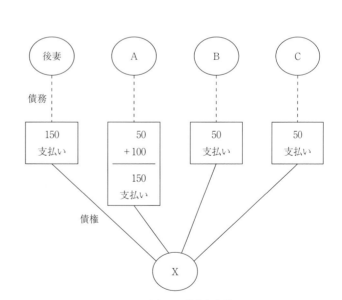

Aが遺産
の処分等
を行った。
民法921条
1号または
3号。

Xは400支払いの債権を取得。

Xが、Aに、さらに請求できる金額。

$$600 \times \frac{1}{6} = 100$$

Xが弁済され　　Aの
なかった残額。　相続分。

第3節　相続の放棄

第938条

相続の放棄の方式

　相続の放棄をしようとする者は、その旨を家庭裁判所に申述しなければならない。

第939条

相続の放棄の効力

　相続の放棄をした者は、その相続にかんしては、初めから相続人とならなかったものと見なす。

(1)

(1)　高梨・前掲473頁以下を参照した。父の遺産は800万円、相続人は妻と4人の子A、B、C、D、金額の単位は万円とする。

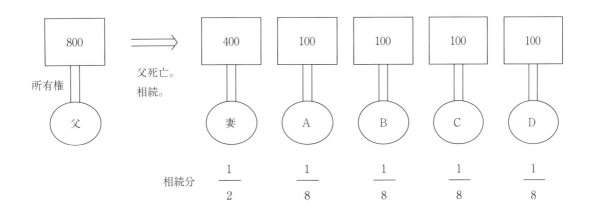

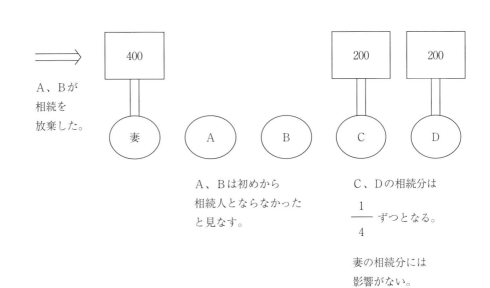

第940条

相続の放棄をした者による管理義務

① 　相続の放棄をした者は、その放棄の時に相続財産に属する財産を現に占有しているときは、相続人または第952条、第1項の相続財産の清算人にたいして当該財産を引き渡すまでの間、自己の財産におけるのと同一の注意をもって、その財産を保存しなければならない。

② 　第645条（受任者による報告）、第646条（受任者による受取物の引渡し等）ならびに第650条、第1項および第2項（受任者による費用等の償還請求権等）の規定は、前項の場合について準用する。

第5章　財産分離（941条〜950条の関係）

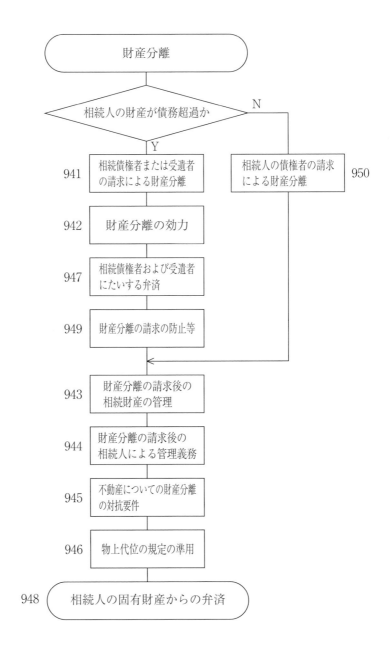

第941条

```
┌─────────────────────────────────────────────────────────┐
│        相続債権者または受遺者の請求による財産分離           │
└─────────────────────────────────────────────────────────┘
                            │
┌─────────────────────────────────────────────────────────┐
│     相続債権者または受遺者は、相続開始の時から３箇月以      │
│ 内に、相続人の財産の中から相続財産を分離することを家        │
① │ 庭裁判所に請求することができる。相続財産が相続人の固       │  (1)
│ 有財産と混合しない間は、その期間の満了後も、同様とす       │
│ る。                                                      │
└─────────────────────────────────────────────────────────┘
                            │
┌─────────────────────────────────────────────────────────┐
│     家庭裁判所が前項の請求によって財産分離を命じたとき      │
│ は、その請求をした者は、５日以内に、他の相続債権者お        │
│ よび受遺者にたいし、財産分離の命令があったこと、およ       │
② │ び一定の期間内に配当加入の申出をすべき旨を公告しなけ       │
│ ればならない。この場合において、その期間は、２箇月を       │
│ 下ることができない。                                      │
└─────────────────────────────────────────────────────────┘
                            │
┌─────────────────────────────────────────────────────────┐
③ │     前項の規定による公告は、官報に掲載してする。          │
└─────────────────────────────────────────────────────────┘
```

(1)　図解による法律用語辞典・補訂版382頁以下を参照した。相続人をＸ（たとえば子）、被相続人を
　　Ｙ（たとえば親）、Ｙの債権者をＡ、Ｘの債権者をＢとする。以下、数字の単位は万円とする。Ｙの
　　相続財産が10000、Ｘの固有財産が5000で、ＡがＹにたいして8000の債権を有し、ＢがＸにたいして
　　8000の債権を有していたばあい。相続財産と固有財産の混合の結果、Ａが500の損失をこうむる。し
　　たがって、Ａが財産分離を行う。

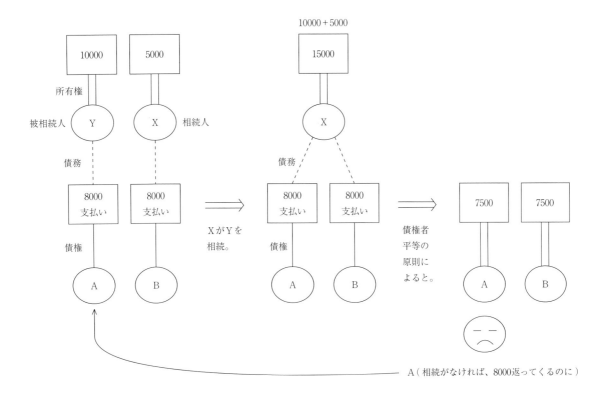

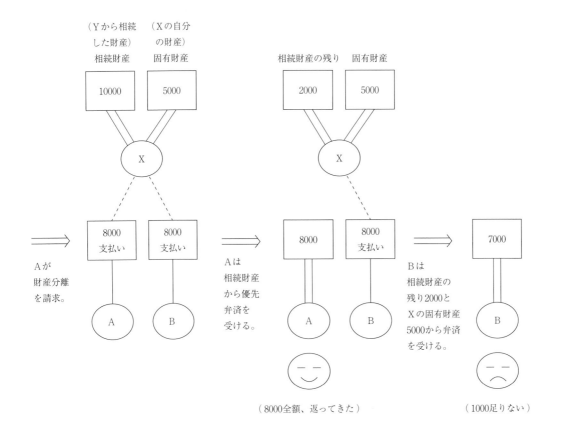

第942条

財産分離の効力

財産分離の請求をした者および前条、第 2 項の規定により配当加入の申出をした者は、相続財産について、相続人の債権者に先立って弁済を受ける。

第943条

財産分離の請求後の相続財産の管理

① 財産分離の請求があったときは、家庭裁判所は、相続財産の管理について必要な処分を命ずることができる。

② 第27条から第29条まで（不在者の財産管理人の権利・義務）の規定は、前項の規定により家庭裁判所が相続財産の管理人を選任した場合について準用する。

第944条

```
財産分離の請求後の相続人による管理義務
```

① 　相続人は、単純承認をした後でも、財産分離の請求があったときは、以後、その固有財産におけるのと同一の注意をもって、相続財産の管理をしなければならない。ただし、家庭裁判所が相続財産の管理人を選任したときは、この限りでない。

② 　第645条から第647条まで（受任者の義務と責任）ならびに第650条、第1項および第2項（受任者による費用等の償還請求権等）の規定は、前項の場合について準用する。

第945条

```
不動産についての財産分離の対抗要件
```

　財産分離は、不動産については、その登記をしなければ、第三者に対抗することができない。

第946条

物上代位の規定の準用

第304条（先取特権の物上代位）の規定は、財産分離の場合について準用する。

第947条

相続債権者および受遺者にたいする弁済

① 相続人は、第941条、第1項および第2項の期間の満了前には、相続債権者および受遺者にたいして弁済を拒むことができる。

② 財産分離の請求があったときは、相続人は、第941条、第2項の期間の満了後に、相続財産をもって、財産分離の請求または配当加入の申出をした相続債権者および受遺者に、それぞれ、その債権額の割合におうじて弁済をしなければならない。ただし、優先権を有する債権者の権利を害することはできない。

③ 第930条から第934条まで（限定承認者の弁済）の規定は、前項の場合について準用する。

第948条

相続人の固有財産からの弁済

　財産分離の請求をした者および配当加入の申出をした者は、相続財産をもって全部の弁済を受けることができなかった場合にかぎり、相続人の固有財産について、その権利を行使することができる。この場合においては、相続人の債権者は、その者に先立って弁済を受けることができる。

第949条

財産分離の請求の防止等

　相続人は、その固有財産をもって相続債権者もしくは受遺者に弁済をし、または、これに相当の担保を供して、財産分離の請求を防止し、または、その効力を消滅させることができる。ただし、相続人の債権者が、これによって損害を受けるべきことを証明して、異議を述べたときは、この限りでない。

第950条

相続人の債権者の請求による財産分離

　相続人が限定承認をすることができる間または相続財産が相続人の固有財産と混合しない間は、相続人の債権者は、家庭裁判所にたいして財産分離の請求をすることができる。
(1)

　第304条（物上代位）、第925条（限定承認をしたときの権利・義務）、第927条から第934条まで（限定承認における相続財産の清算）、第943条から第945条まで（第１種財産分離における相続財産の管理・対抗要件）および第948条（相続人の固有財産からの弁済）の規定は、前項の場合について準用する。ただし、第927条の公告および催告は、財産分離の請求をした債権者がしなければならない。

(1)　図解による法律用語辞典・補訂版382頁以下を参照した。相続人をX（たとえば子）、被相続人をY（たとえば親）、Yの債権者をC、Xの債権者をDとする。以下、数字の単位は万円とする。Yの相続財産が5000、Xの固有財産が10000で、CがYにたいして8000の債権を有し、DがXにたいして8000の債権を有していたばあい。相続財産と固有財産の混合の結果、Dが500の損失をこうむる。したがって、Dが財産分離を行う。

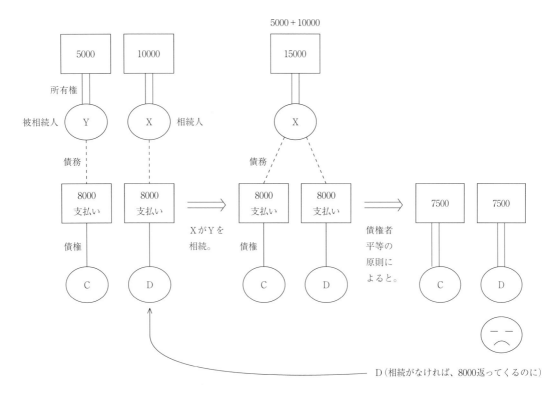

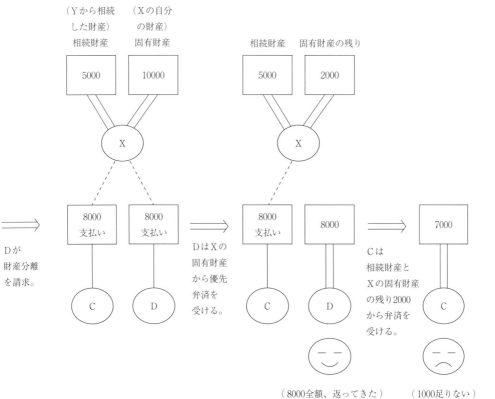

第6章 相続人の不存在（951条〜959条の関係）

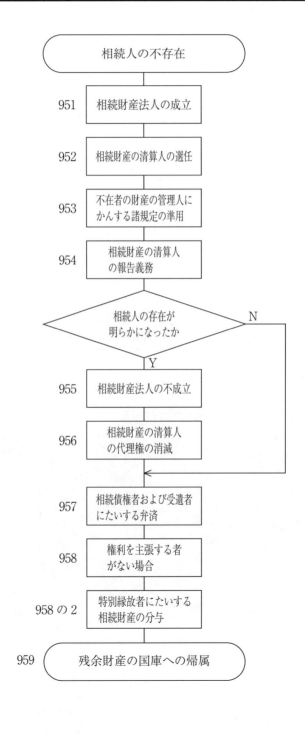

第6章　相続人の不存在 (1)

(1)　沼正也・与える強制と奪う強制［新版］273頁で、相続人の不存在について、つぎのように述べられる。「身寄りもなく、頼むはお金ばかりなりで生涯を終える人が出てきます。遺贈でもしてあればともかくとして、それさえないときには、相続法はハタと困惑せざるをえません。遺体も遺産も無主物と化してはたいへんだからです。このことは、この本の冒頭でいち早くくわしく考察しておいたところです・・・。相続法の窮極にあるものを窮極のところまで押してきますと、じつにこの問題に突き当たってしまうのです。

　この問題に対処して、相続編は『相続人の不存在』なる一章をおいているのです・・・。相続法の大目標は遺族の生活保障にありという人がいますが、その生活を保障すべき相続人が存在しないなら、まずはめでたしでわざわざこんな章を設けるに当たらないのではないでしょうか。草の根を分けても、生活保障を要すべき遺族を探し出してみせるなどというわけがありません。」

　沼正也・民法の世界［新版］603頁で、「相続人の不存在」の標題のもと、「相続財産法人とその清算」の項目で、つぎのように述べられる。「相続法が、多くの学者が強調しているような遺族の生活保障を窮極の目的とする法であるならば、相続人のあることが明らかでないときはさして問題とすべきものを残さないはずであるが、市民社会法的相続法の窮極的な目的が遺体・遺産の無主物化回避にあるとする本質からするときは、もっとも困難な壁に突き当たることになる。相続編が『相続人の不存在』と題する特別の一章を設けて、この難問に取り組んでいるゆえんはここにある（六章）。」

第6章「相続人の不存在」について図解する。沼正也・民法の世界［新版］603頁以下、高梨・前掲480頁以下を参照した。以下、民法の条文を挙げる。

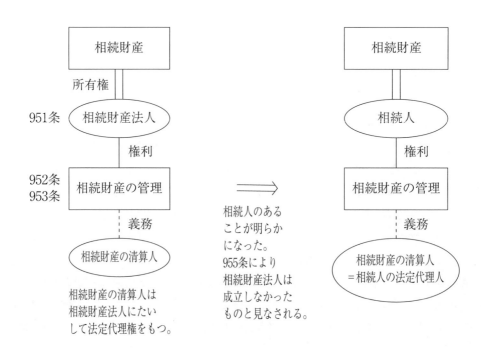

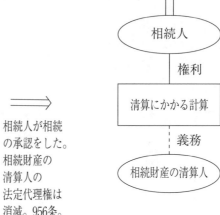

第951条

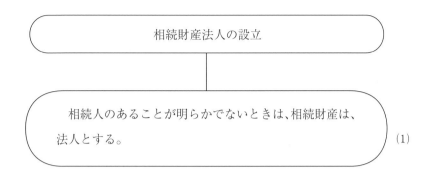

相続財産法人の設立

相続人のあることが明らかでないときは、相続財産は、法人とする。　　　　　(1)

(1)　沼正也・民法の世界［新版］603頁で、つぎのように述べられる。「すなわち、相続人のあることが明らかでないときは、遺産をもってこれを法人とし、被相続人死亡に伴う遺体・遺産の無主物化の応急的回避を図っている（九五一条。この法人の法的性質は、財団的な法人。講学上、『相続財産法人』という。いわゆる資産のある場合に限局されず、死体のみを遺した者にも本条の適用あり。）。」

第952条

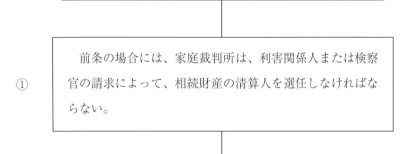

相続財産の清算人の選任

①　前条の場合には、家庭裁判所は、利害関係人または検察官の請求によって、相続財産の清算人を選任しなければならない。

②　前項の規定により相続財産の清算人を選任したときは、家庭裁判所は、遅滞なく、その旨および相続人があるならば一定の期間内に、その権利を主張すべき旨を公告しなければならない。この場合において、その期間は、６箇月を下ることができない。

第953条

> 不在者の財産の管理人にかんする諸規定の準用

> 　第27条から第29条まで（不在者の財産管理人の権利・義務）の規定は、前条、第1項の相続財産の清算人（以下この章において単に「相続財産の清算人」という。）について準用する。

第954条

> 相続財産の清算人の報告義務

> 　相続財産の清算人は、相続債権者または受遺者の請求があるときは、その請求をした者に相続財産の状況を報告しなければならない。

第955条

> 相続財産法人の不成立

> 　相続人のあることが明らかになったときは、第951条の法人は、成立しなかったものと見なす。ただし、相続財産の清算人が、その権限内で、した行為の効力を妨げない。

第956条

相続財産の清算人の代理権の消滅

① 　相続財産の清算人の代理権は、相続人が相続の承認をした時に消滅する。

② 　前項の場合には、相続財産の清算人は、遅滞なく相続人にたいして清算に係る計算をしなければならない。

第957条

相続債権者および受遺者にたいする弁済

① 　第952条、第2項の公告があったときは、相続財産の清算人は、全ての相続債権者および受遺者にたいし、2箇月以上の期間を定めて、その期間内に、その請求の申出をすべき旨を公告しなければならない。この場合において、その期間は、同項の規定により相続人が権利を主張すべき期間として家庭裁判所が公告した期間内に満了するものでなければならない。

② 　第927条、第2項から第4項まで（相続債権者および受遺者にたいする公告および催告）および第928条から第935条まで（第932条ただし書を除く。）（限定承認における相続財産の清算）の規定は、前項の場合について準用する。

第958条

> 権利を主張する者がない場合

> 第952条、第2項の期間内に相続人としての権利を主張する者がないときは、相続人ならびに相続財産の清算人に知れなかった相続債権者および受遺者は、その権利を行使することができない。

第958条の2

> 特別縁故者にたいする相続財産の分与

① > 前条の場合において、相当と認めるときは、家庭裁判所は、被相続人と生計を同じくしていた者、被相続人の療養看護に努めた者その他、被相続人と特別の縁故があった者の請求によって、これらの者に、清算後、残存すべき相続財産の全部または一部を与えることができる。 (1)

② > 前項の請求は、第952条、第2項の期間の満了後、3箇月以内にしなければならない。

(1) 沼正也・民法の世界［新版］604頁以下、「特別縁故者への相続財産の分与」の項目で、つぎのように述べられる。「管理人による以上の清算が結了しなお残余財産があるときは、じゅうらいはこれをただちに国庫帰属とする定めであったが、昭和三七年の民法中一部改正によって、特別縁故者への相続財産の分与なる制度が創設せられるにいたった。第九五八条の三［改正前の条文・中山による注］の規定の創設によってである。・・・この制度の新設は親族法の要保護性の補完の形骸性を少しでも

脱却せしめる志向に出るものと思われ、内縁の妻や事実上の養子や事実上被相続人から扶養をうけて
いた相続権をもたない親族その他の者に保護付与を与えることに道を開くとともに（右条文中の『被
相続人と生計を同じくしていた者』）、ひとりかような保護法上の要請に応えるに止まらず、被相続
人に対し事実上の『身辺監護』（『事実的監護』）に当たった者（家政婦・看護婦のごとき対価関係に
立って看護等を行なう者は、一般的に右条文中『被相続人の療養看護に努めた者』のなかに含まれな
い。）やその他財産法的に特別な縁故のあった者（老学者の蔵書をめぐり、その老学者の多年勤務し
た大学は当該遺蔵書の全部または一部の分与の請求ができる特別の縁故者たりうべきものとしばし
ば例示される。）にもその請求により分与しうるものとされる。ただ血縁関係があるというだけでは、
特別縁故者とはならない。この制度の新設による相続法のわずかながらの形骸性打破のこころみも相
続人不存在の場合のせまい範囲内での立案に止まり、先進諸国におけるような法定相続の次元にまで
高めて立案せられたものではないがゆえに、法定相続人の有無に規定づけられて、一般性をもつもの
ではないことを看過してはならない・・・。」

第959条

残余財産の国庫への帰属

　前条の規定により処分されなかった相続財産は、国庫
に帰属する。この場合においては、第956条、第2項（清
算人の計算義務）の規定を準用する。

第7章　遺　　言（第1節〜第5節の関係）

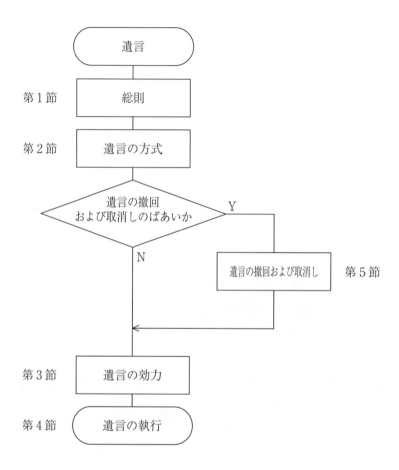

第1節　総則（960条〜966条の関係）

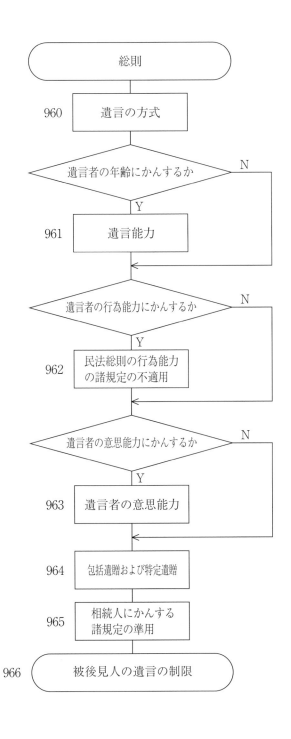

第960条

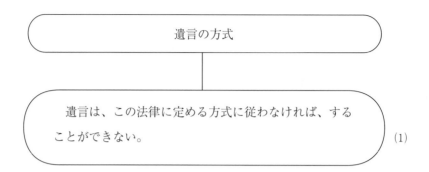

遺言の方式

　　遺言は、この法律に定める方式に従わなければ、することができない。

(1)

(1)　沼正也・民法の世界（沼正也 著作集15）［新版］606頁以下「財産法の原理に指導せられる遺言相続法」の標題のもと、「遺言の意義・性質」の項目で、つぎのように述べられる。「被相続人死亡に伴う遺体・遺産の無主物化回避についての法である相続法は、財産法・親族法の道具を借りきたってその措置をするほかないことはすでに述べたとおりである。財産法・親族法の対蹠的原理は同一平面に移すときはあい抵触するものなるがゆえに、相続法は被相続人の財産に縄張りをし、一方の領域は親族法の原理によらしめて無遺言相続法——法定相続法を構築し、他方の領域は財産法の原理によらしめて遺言相続法を構築していることも既述のごとくである。そのいずれの領域も形骸性の原理から脱することを不可能ならしめられていて、このことは遺言についても例外であることはできない。もし形骸化されずにすむものがあるならば、それは相続法の固有の領域には止まることができないものという法論理となる。すでに贈与を説くにさいし考察した死因贈与契約は対立する両当事者の意思と意思との合致によって人の死亡を不確定期限とする契約であるが、ここには形骸性に色づけられたものがなくしたがって純然たる財産法上の契約たるものである（債権編中にくらいする第五五四条）。死亡に伴う遺産の意思的処分はかかる契約によってなされるのが市民社会法の理念にマッチするものであるが、人の死亡の時期は予測しがたく、そのいかなる到来によっても無主物化回避の要請は一般的であるところからして、死因贈与契約の形骸的形態として被相続人の単独行為により遺産の譲渡を成立せしめ、その者の死亡による効力発生後において劣後的に受遺者がこの一方的意思による譲渡の意思的放棄をする法技術を認容することをえざらしめた。これが、遺贈および遺贈の放棄である。この遺贈を中心にすえ他の事項におよぼさしめて遺言概念が定立せしめられたものであり、遺言とは、しょせん、人の死後行為たる単独行為である。単独行為は法律行為の一として生前行為としても認容せられる合財産法的行為でありうるが、それには対立する当事者意思のパラレルな比較較量に堪えるものであることがその認容の基準をなしている。このパラレルさを崩し、無主物化回避の要請を基準にして秤にかけ被相続人のがわに圧倒的なウェイトをおくべきものとされているのが遺言なのである。すなわち遺言とは、自己の死後に実現することを期してする単独の意思表示である。この意思表示は特定の相手方に対してなされる要はないから、相手方のない意思表示であり・・・、この意思表示はその者の死亡によりただちに法の効力が付与されるべきものとされているから、単独行為たる法律行為である。死後に遺言者の真意を確かめる術がないから、遺言は所定の方式を履んでなされることを

要する要式行為である。遺言は財産法の原理の相続法的受容であるから、遺言をするかいなか遺言内容等はいわゆる『遺言自由の原則』によって自由に決められるべきであるが、しかしこの原則の名にもかかわらずそれは形骸化された自由であるから、上述のように方式の厳格さが要求され（『方式厳格の原則』）、遺言内容も民法典上および特別法上に掲げるものに限定されると一般に説かれている（しかし、このさいごの点は、抽象的にいって他の人の意思に抵触しないものはなお遺言の効力を認めるべきものである。）。」

第961条

遺言能力

15歳に達した者は、遺言をすることができる。

第962条

未成年者・成年被後見人・被保佐人・被補助人の遺言

第5条、第9条、第13条および第17条の規定は、遺言については、適用しない。

第963条

遺言をするときの遺言能力

　遺言者は、遺言をする時において、その能力を有しなければならない。

第964条

包括遺贈および特定遺贈

　遺言者は、包括または特定の名義で、その財産の全部または一部を処分することができる。

第965条

相続人にかんする諸規定の準用

　第886条（相続にかんする胎児の権利能力）および第891条（相続人の欠格事由）の規定は、受遺者について準用する。

第966条

被後見人の遺言の制限

① 　被後見人が、後見の計算の終了前に、後見人または、その配偶者もしくは直系卑属の利益となるべき遺言をしたときは、その遺言は、無効とする。

② 　前項の規定は、直系血族、配偶者または兄弟姉妹が後見人である場合には、適用しない。

第2節　遺言の方式
第1款　普通の方式（967条〜975条の関係）

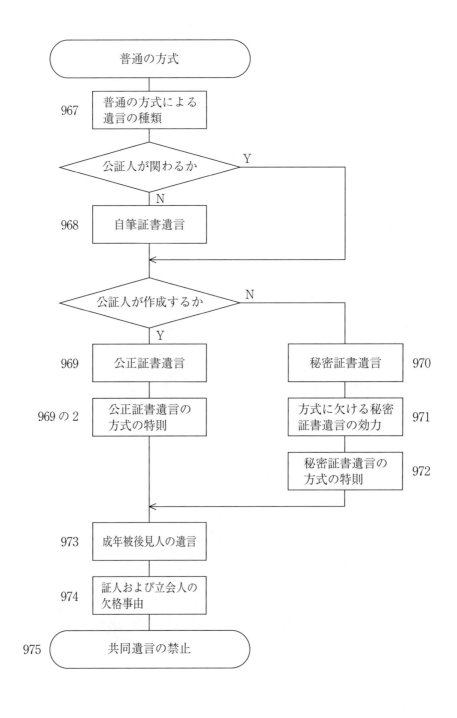

第967条

普通の方式による遺言の種類

　遺言は、自筆証書、公正証書または秘密証書によってしなければならない。ただし、特別の方式によることを許す場合は、この限りでない。

第968条

自筆証書遺言

①　　　自筆証書によって遺言をするには、遺言者が、その全文、日付および氏名を自署し、これに印を押さなければならない。

②　　　前項の規定にかかわらず、自筆証書遺言に、これと一体のものとして相続財産（第997条、第1項に規定する場合における同項に規定する権利を含む。）の全部または一部の目録を添付する場合には、その目録については、自書することを要しない。この場合において、遺言者は、その目録の毎葉（自書によらない記載が、その両面にある場合にあっては、その両面）に署名し、印を押さなければならない。

③　　　自筆証書（前項の目録を含む。）中の加除その他の変更は、遺言者が、その場所を指示し、これを変更した旨を付記して特に、これに署名し、かつ、その変更の場所に印を押さなければ、その効力を生じない。

第969条

公正証書遺言

　公正証書によって遺言をするには、次に掲げる方式に従わなければならない。

一　証人二人以上の立会いがあること。

二　遺言者が遺言の趣旨を公証人に口授すること。

三　公証人が、遺言者の口述を筆記し、これを遺言者および証人に読み聞かせ、または閲覧させること。

四　遺言者および証人が、筆記の正確なことを承認した後、各自これに署名し、印を押すこと。ただし、遺言者が署名することができない場合は、公証人が、その事由を付記して、署名に代えることができる。

五　公証人が、その証書は前各号に掲げる方式に従って作ったものである旨を付記して、これに署名し、印を押すこと。

第969条の2

公正証書遺言の方式の特則

①　口がきけない者が公正証書によって遺言をする場合には、遺言者は、公証人および証人の前で、遺言の趣旨を通訳人の通訳により申述し、または自書して、前条、第2号の口授に代えなければならない。この場合における同条、第3号の規定の適用については、同号中「口述」とあるのは、「通訳人の通訳による申述または自書」とする。

②　前条の遺言者または証人が耳が聞こえない者である場合には、公証人は、同条、第3号に規定する筆記した内容を通訳人の通訳により遺言者または証人に伝えて、同号の読み聞かせに代えることができる。

③　公証人は、前二項に定める方式に従って公正証書を作ったときは、その旨を、その証書に付記しなければならない。

第970条

秘密証書遺言

①
　秘密証書によって遺言をするには、次に掲げる方式に従わなければならない。
一　遺言者が、その証書に署名し、印を押すこと。
二　遺言者が、その証書を封じ、証書に用いた印章をもって、これに封印すること。
三　遺言者が、公証人一人および証人二人以上の前に封書を提出して、自己の遺言書である旨ならびに、その筆者の氏名および住所を申述すること。
四　公証人が、その証書を提出した日付および遺言者の申述を封紙に記載した後、遺言者および証人とともに、これに署名し、印を押すこと。

②
　第968条、第3項（自筆証書遺言の加除訂正）の規定は、秘密証書による遺言について準用する。

第971条

方式に欠ける秘密証書遺言の効力

　秘密証書による遺言は、前条に定める方式に欠けるものがあっても、第968条に定める方式を具備しているときは、自筆証書による遺言として、その効力を有する。

第972条

秘密証書遺言の方式の特則

① 　口がきけない者が秘密証書によって遺言をする場合には、遺言者は、公証人および証人の前で、その証書は自己の遺言書である旨ならびに、その筆者の氏名および住所を通訳人の通訳により申述し、または封紙に自書して、第970条、第1項、第3号の申述に代えなければならない。

② 　前項の場合において、遺言者が通訳人の通訳により申述したときは、公証人は、その旨を封紙に記載しなければならない。

③ 　第1項の場合において、遺言者が封紙に自書したときは、公証人は、その旨を封紙に記載して、第970条、第1項、第4号に規定する申述の記載に代えなければならない。

第973条

成年被後見人の遺言

① 　成年被後見人が事理を弁識する能力を一時回復した時において遺言をするには、医師二人以上の立会いがなければならない。

② 　遺言に立ち会った医師は、遺言者が遺言をする時において精神上の障害により事理を弁識する能力を欠く状態になかった旨を遺言書に付記して、これに署名し、印を押さなければならない。ただし、秘密証書による遺言にあっては、その封紙に、その旨の記載をし、署名し、印を押さなければならない。

第974条

証人および立会人の欠格事由

　次に掲げる者は、遺言の証人または立会人となること
ができない。
一　未成年者
二　推定相続人および受遺者ならびに、これらの配偶者
　　および直系血族
三　公証人の配偶者、4親等内の親族、書記および使用
　　人

第975条

共同遺言の禁止

　遺言は、二人以上の者が同一の証書ですることができない。

第2款　特別の方式（976条〜984条の関係）

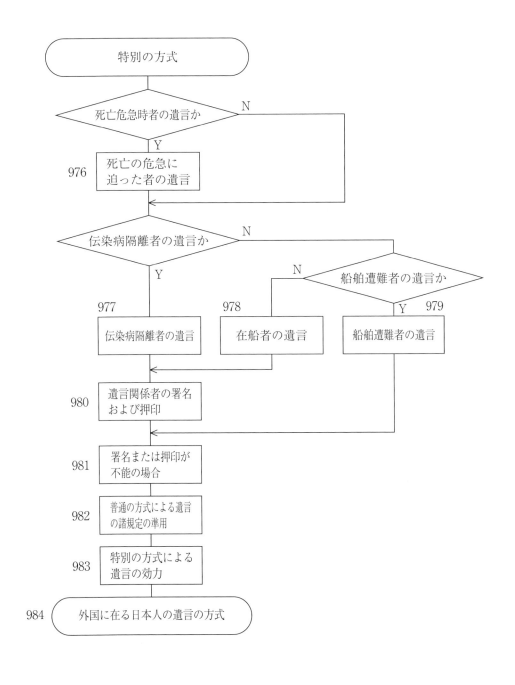

第976条

死亡の危急に迫った者の遺言

①　　疾病その他の事由によって死亡の危急に迫った者が遺言をしようとするときは、証人三人以上の立会いをもって、その一人に遺言の趣旨を口授して、これをすることができる。この場合においては、その口授を受けた者が、これを筆記して、遺言者および他の証人に読み聞かせ、または閲覧させ、各証人が、その筆記の正確なことを承認した後、これに署名し、印を押さなければならない。

②　　口がきけない者が前項の規定により遺言をする場合には、遺言者は、証人の前で、遺言の趣旨を通訳人の通訳により申述して、同項の口授に代えなければならない。

③　　第1項、後段の遺言者または他の証人が耳が聞こえない者である場合には、遺言の趣旨の口授または申述を受けた者は、同項、後段に規定する筆記した内容を通訳人の通訳により、その遺言者または他の証人に伝えて、同項、後段の読み聞かせに代えることができる。

④　　前三項の規定によりした遺言は、遺言の日から20日以内に、証人の一人または利害関係人から家庭裁判所に請求して、その確認を得なければ、その効力を生じない。

⑤　　家庭裁判所は、前項の遺言が遺言者の真意に出たものであるとの心証を得なければ、これを確認することができない。

第977条

伝染病隔離者の遺言

伝染病のため行政処分によって交通を断たれた場所に在る者は、警察官一人および証人一人以上の立会いをもって遺言書を作ることができる。

第978条

在船者の遺言

船舶中に在る者は、船長または事務員一人および証人二人以上の立会いをもって遺言書を作ることができる。

第979条

船舶遭難者の遺言

① 　船舶が遭難した場合において、当該船舶中に在って死亡の危急に迫った者は、証人二人以上の立会いをもって口頭で遺言をすることができる。

② 　口がきけない者が前項の規定により遺言をする場合には、遺言者は、通訳人の通訳により、これをしなければならない。

③ 　前二項の規定に従ってした遺言は、証人が、その趣旨を筆記して、これに署名し、印を押し、かつ、証人の一人または利害関係人から遅滞なく家庭裁判所に請求して、その確認を得なければ、その効力を生じない。

④ 　第976条、第5項（家庭裁判所の確認の基準）の規定は、前項の場合について準用する。

第980条

遺言関係者の署名および押印

　第977条および第978条の場合には、遺言者、筆者、立会人および証人は、各自、遺言書に署名し、印を押さなければならない。

第981条

署名または押印が不能の場合

　第977条から第979条までの場合において、署名または印を押すことのできない者があるときは、立会人または証人は、その事由を付記しなければならない。

第982条

普通の方式による遺言の諸規定の準用

　第968条、第3項（自筆証書遺言の加除訂正）および第973条から第975条まで（成年被後見人の遺言、証人および立会人の欠格事由、共同遺言の禁止）の規定は、第976条から前条までの規定による遺言について準用する。

第983条

特別の方式による遺言の効力

　第976条から前条までの規定によりした遺言は、遺言者が普通の方式によって遺言をすることができるようになった時から6箇月間、生存するときは、その効力を生じない。

第984条

外国に在る日本人の遺言の方式

　日本の領事の駐在する地に在る日本人が公正証書または秘密証書によって遺言をしようとするときは、公証人の職務は、領事が行う。この場合においては、第969条、第4号または第970条、第1項、第4号の規定にかかわらず、遺言者および証人は、第969条、第4号または第970条、第1項、第4号の印を押すことを要しない。

第3節　遺言の効力（985条〜1003条の関係）

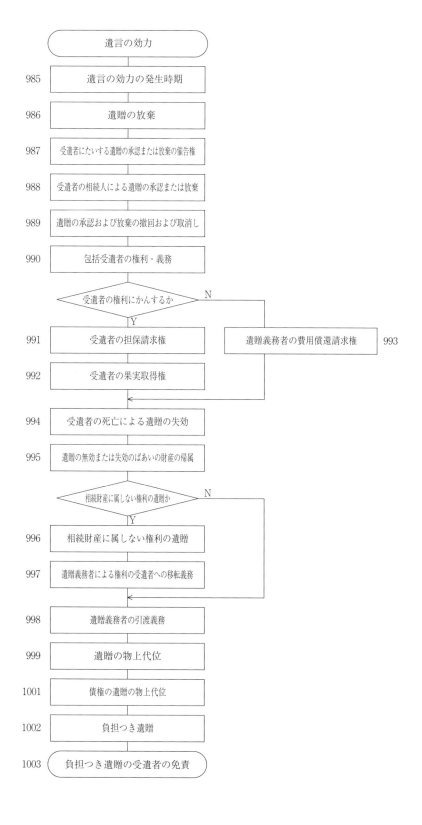

第985条

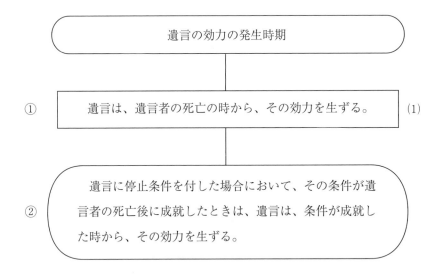

(1)　沼正也・前掲・民法の世界［新版］621頁で、つぎのように述べられる。「遺言者の死亡と同時に、遺贈の目的物は受遺者に物権的に帰属し、その引渡関係はこれに劣後して遺言執行者（または相続人）の手により執行せられる建てまえであることは、つとに考察したところである。」

第986条

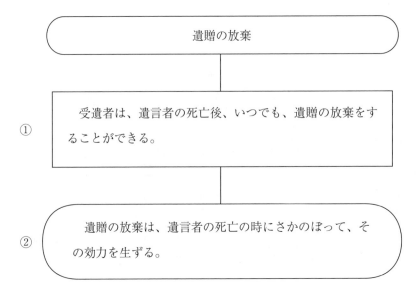

第987条

受遺者にたいする遺贈の承認または放棄の催告権

　　遺贈義務者（遺贈の履行をする義務を負う者をいう。以下この節において同じ。）その他の利害関係人は、受遺者にたいし、相当の期間を定めて、その期間内に遺贈の承認または放棄をすべき旨の催告をすることができる。この場合において、受遺者が、その期間内に遺贈義務者にたいして、その意思を表示しないときは、遺贈を承認したものと見なす。

(1)

(1)　沼正也・前掲・民法の世界［新版］622頁では、つぎのように述べられる。「受遺者が遺贈を承認するか放棄するかは、相続人その他の利害関係人におよぼす影響が大である。ことに、受遺者は遺言者の死亡後なんどきでもこれを放棄できるのであるから、これら利害関係人の権利義務関係をすこぶる不確定なものならしめるので第二にこれらの者と受遺者との意思の比較較量によってこれら遺贈義務者および利害関係人に催告権が与えられ、・・・。」さらに、つぎのように述べられる。「ここに『遺贈義務者』とは、遺言執行者・遺言執行者のないときの相続人が指称され、『その他の利害関係人』とは、遺言執行者のあるときの相続人・相続債権者等が指称されている。」

第988条

受遺者の相続人による遺贈の承認または放棄

受遺者が遺贈の承認または放棄をしないで死亡したときは、その相続人は、自己の相続権の範囲内で、遺贈の承認または放棄をすることができる。ただし、遺言者が、その遺言に別段の意思を表示したときは、その意思に従う。

第989条

遺贈の承認および放棄の撤回および取消し

① 遺贈の承認および放棄は、撤回することができない。

② 第919条、第2項および第3項（第1編または前編の規定による相続の承認・放棄の取消しの許容）の規定は、遺贈の承認および放棄について準用する。

第990条

包括受遺者の権利・義務

包括受遺者は、相続人と同一の権利・義務を有する。

第991条

受遺者の担保請求権

　受遺者は、遺贈が弁済期に至らない間は、遺贈義務者にたいして相当の担保を請求することができる。停止条件付きの遺贈について、その条件の成否が未定である間も、同様とする。

第992条

受遺者の果実取得権

　受遺者は、遺贈の履行を請求することができる時から果実を取得する。ただし、遺言者が、その遺言に別段の意思を表示したときは、その意思に従う。

第993条

遺贈義務者の費用償還請求権

① 第299条（留置権者による費用の償還請求権）の規定は、遺贈義務者が遺言者の死亡後に遺贈の目的物について費用を支出した場合について準用する。

② 果実を収取するために支出した通常の必要費は、果実の価格を超えない限度で、その償還を請求することができる。

第994条

受遺者の死亡による遺贈の失効

① 遺贈は、遺言者の死亡以前に受遺者が死亡したときは、その効力を生じない。

② 停止条件付きの遺贈については、受遺者が、その条件の成就前に死亡したときも、前項と同様とする。ただし、遺言者が、その遺言に別段の意思を表示したときは、その意思に従う。

第995条

遺贈の無効または失効のばあいの財産の帰属

　遺贈が、その効力を生じないとき、または放棄によって、その効力を失ったときは、受遺者が受けるべきであったものは、相続人に帰属する。ただし、遺言者が、その遺言に別段の意思を表示したときは、その意思に従う。

第996条

相続財産に属しない権利の遺贈──その１

　遺贈は、その目的である権利が遺言者の死亡の時において相続財産に属しなかったときは、その効力を生じない。ただし、その権利が相続財産に属するかどうかにかかわらず、これを遺贈の目的としたものと認められるときは、この限りでない。

第997条

相続財産に属しない権利の遺贈——その2

① 　相続財産に属しない権利を目的とする遺贈が前条ただし書の規定により有効であるときは、遺贈義務者は、その権利を取得して受遺者に移転する義務を負う。

② 　前項の場合において、同項に規定する権利を取得することができないとき、または、これを取得するについて過分の費用を要するときは、遺贈義務者は、その価額を弁償しなければならない。ただし、遺言者が、その遺言に別段の意思を表示したときは、その意思に従う。

第998条

遺贈義務者の引渡義務

　遺贈義務者は、遺贈の目的である物または権利を、相続開始の時（その後に当該物または権利について遺贈の目的として特定した場合にあっては、その特定した時）の状態で引き渡し、または移転する義務を負う。ただし、遺言者が、その遺言に別段の意思を表示したときは、その意思に従う。

第999条

遺贈の物上代位

①　遺言者が、遺贈の目的物の滅失もしくは変造または、その占有の喪失によって第三者にたいして償金を請求する権利を有するときは、その権利を遺贈の目的としたものと推定する。

②　遺贈の目的物が、他の物と付合し、または混和した場合において、遺言者が第243条から第245条までの規定により合成物または混和物の単独所有者または共有者となったときは、その全部の所有権または持分を遺贈の目的としたものと推定する。

第1000条

第三者の権利の目的である財産の遺贈　　削除

第1001条

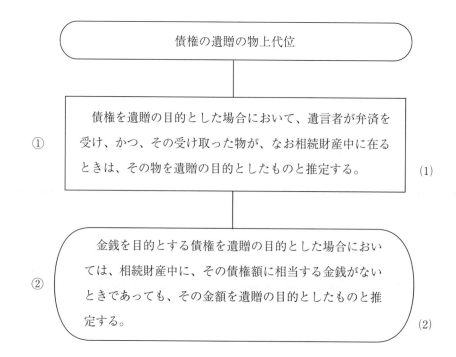

債権の遺贈の物上代位

① 　債権を遺贈の目的とした場合において、遺言者が弁済を受け、かつ、その受け取った物が、なお相続財産中に在るときは、その物を遺贈の目的としたものと推定する。　(1)

② 　金銭を目的とする債権を遺贈の目的とした場合においては、相続財産中に、その債権額に相当する金銭がないときであっても、その金額を遺贈の目的としたものと推定する。　(2)

(1)　(2)も含めて、高梨公之・監修・萩原太郎・山川一陽・口語民法［新補訂 2 版］500頁以下を参照した。

(1) 債権が遺贈されたばあい──その1

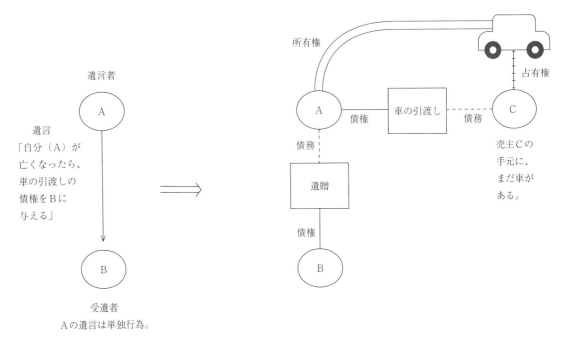

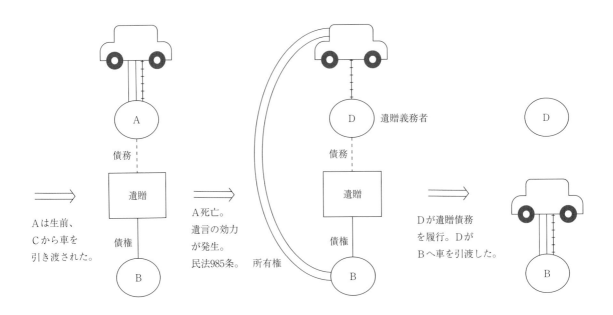

⑵　債権が遺贈されたばあい──その2

AがCにたいして100万円の支払いの債権をもっているばあい。以下、数字の単位は万円とする。

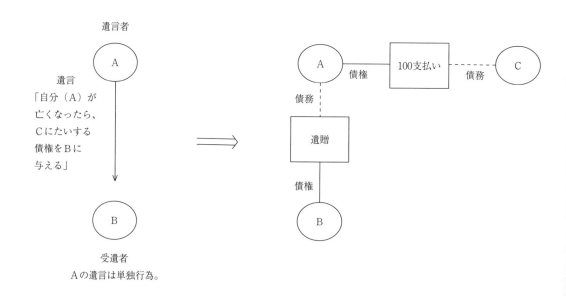

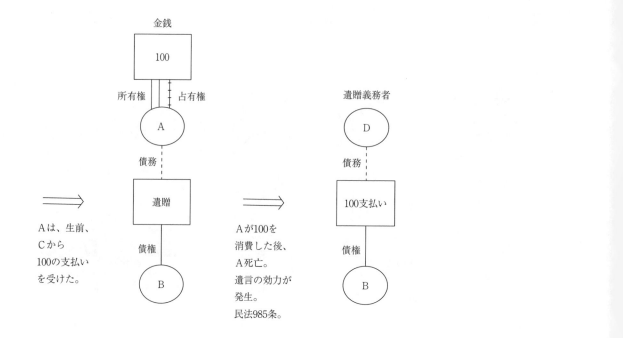

第1002条

負担付き遺贈

① 　負担付き遺贈を受けた者は、遺贈の目的の価額を超えない限度においてのみ、負担した義務を履行する責任を負う。

② 　受遺者が遺贈の放棄をしたときは、負担の利益を受けるべき者は、自ら受遺者となることができる。ただし、遺言者が、その遺言に別段の意思を表示したときは、その意思に従う。　(1)

⑴　高梨・前掲501頁を参照した。AがBにたいし「建物を遺贈するから、Cにたいして毎月５万円を引き渡してください。」という負担付き遺贈をしたばあい。

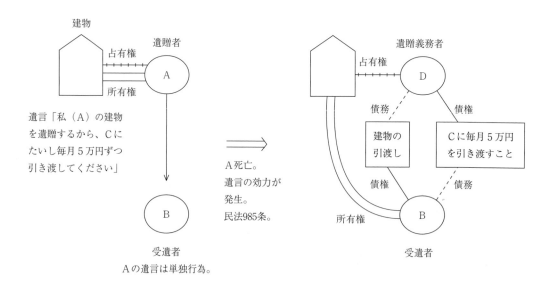

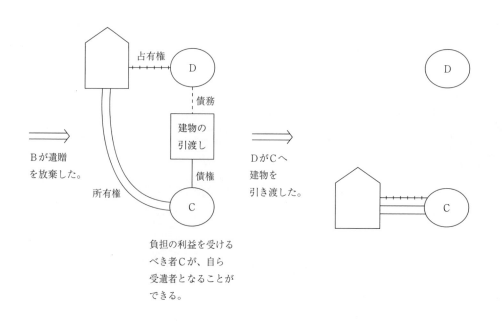

第1003条

負担付き遺贈の受遺者の免責

　　負担付き遺贈の目的の価額が相続の限定承認または遺留分回復の訴えによって減少したときは、受遺者は、その減少の割合に応じて、その負担した義務を免れる。ただし、遺言者が、その遺言に別段の意思を表示したときは、その意思に従う。　　(1)

(1)　高梨・前掲501頁以下を参照した。遺言者Ａが、5000万円の土地を受遺者Ｂへ遺贈するかわりに、1000万円を他人Ｅへ寄付する義務を命じたばあい。Ａが死亡して遺言の効力が発生した。遺贈義務者Ｄが、以上の5000万円の土地を金銭に代えて、そのうち2000万円をＡの債権者Ｃへ支払った。このため、受遺者Ｂは3000万円だけ与えられる。Ｂは、もらう財産が少なくなった割合に比例して、負担も少なくなる。つまり、1000万円を寄付する義務は5分の3すなわち600万円に減る。以下、数字の単位は万円とする。

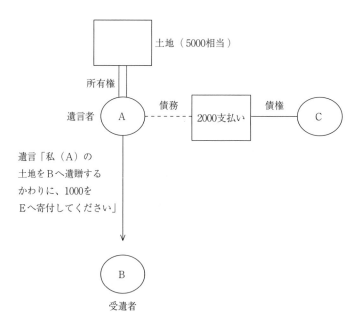

⟹

Aが死亡し、遺言の効力が発生した。遺贈義務者Dは、5000の土地を金銭に換えて、
そのうち2000をAの債権者Cへ支払った。

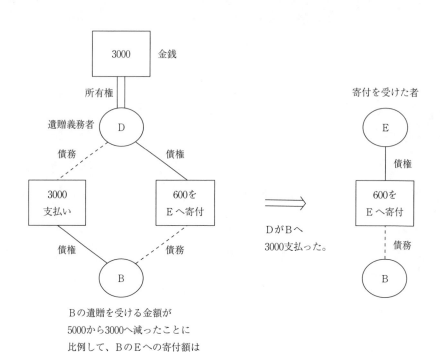

Bの遺贈を受ける金額が
5000から3000へ減ったことに
比例して、BのEへの寄付は
1000から600へ減る。

第4節　遺言の執行（1004条〜1021条の関係）

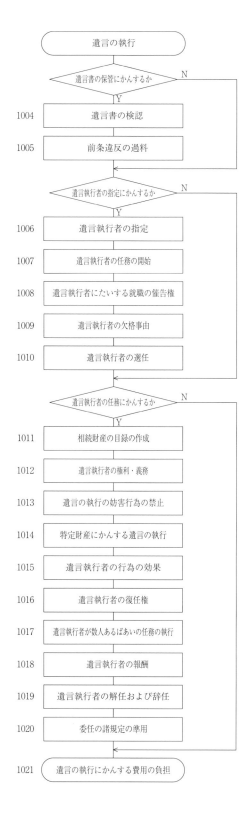

第1004条

遺言書の検認

① 　遺言書の保管者は、相続の開始を知った後、遅滞なく、これを家庭裁判所に提出して、その検認を請求しなければならない。遺言書の保管者がない場合において、相続人が遺言書を発見した後も、同様とする。

② 　前項の規定は、公正証書による遺言については、適用しない。

③ 　封印のある遺言書は、家庭裁判所において相続人または、その代理人の立会いがなければ、開封することができない。

第1005条

遺言書の検認にかんする過料

　前条の規定により遺言書を提出することを怠り、その検認を経ないで遺言を執行し、または家庭裁判所外において、その開封をした者は、5万円以下の過料に処する。

第1006条

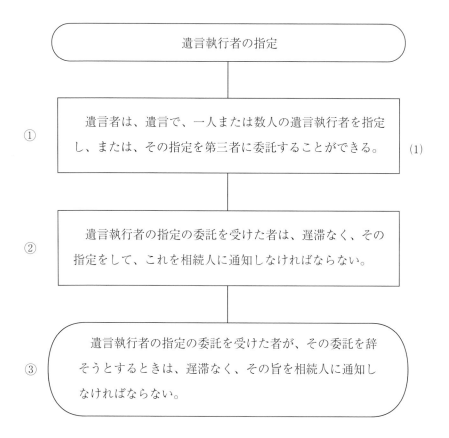

(1)　沼正也・民法の世界［新版］626頁以下において、遺言執行者について、「遺言執行者の指定・選任」の項目のもとに、つぎのように述べられる。「民法は、遺言の執行は遺言執行者によってなされることを建てまえとしているが、これを徹底するにいたらず、遺言執行者のないときは相続人によってその執行を許すこととしている（上記『遺贈義務者』は、この両者を包摂した概念である。）。遺言執行者は、指定による遺言執行者と選任による遺言執行者とに分かれる。・・・」として、民法1006条の条文を挙げられる。

第1007条

遺言執行者の任務の開始

① 　遺言執行者が就職を承諾したときは、ただちに、その任務を行わなければならない。

② 　遺言執行者は、その任務を開始したときは、遅滞なく、遺言の内容を相続人に通知しなければならない。

第1008条

遺言執行者にたいする就職の催告権

　相続人その他の利害関係人は、遺言執行者にたいし、相当の期間を定めて、その期間内に就職を承諾するかどうかを確答すべき旨の催告をすることができる。この場合において、遺言執行者が、その期間内に相続人にたいして確答をしないときは、就職を承諾したものと見なす。　(1)

(1)　沼正也・与える強制と奪う強制［新版］167頁以下で、民法1006条、1008条にかんして、つぎのよ
うに述べられる。「遺言執行者の指定・選任の制度の建て方は、未成年後見人の指定・選任のそれ
（八三九条・八四一条）と趣を等しくしていますが、両者間における顕著な相違点は、後者の場合は
『正当な事由があるとき』にかぎり家庭裁判所の許可をえてその任務を辞することができるとされて
いる（八四四条）のに対し、前者の場合には就職を承諾するといなとを指定をうけた者の自由な意思
にかからしめている点です。ともに保護法上の制度でありながら、この差異はなににゆらいするもの
とすべきでしょうか。後見の場合の要保護性はまさに生者たる人じしんに関する事実的監護と行為的
監護の全容を蔽うものであるのに対し、死者はすでにして要保護者であることはできず、保護法の理
論の支配下に立つのは相続財産の管理（相続財産の主体は、相続人・受遺者。）その他遺言事項にか
かる必要いっさいの執行行為で行為的監護範疇の一側面たるを出ない死者の生活関係の清算である
に止まるところから指定後見人のようには指定遺言執行者の意思から完璧に無条件たらしめるわけに
はいかないからです。しかし、ここにも財産法の原理とは対蹠的な親族法──保護法範疇の理論に服
せしめられていることを看過することはできません。財産法上では一般に相当の期間を定め追認をな
すやいなやについて催告がなされた場合に催告をうけた者からその期間内に確答がなされないときに
は、その追認を拒絶したものとみなされています（たとえば、第一一四条参照。）これに対し、保護
法上では、たとえば無能力者の相手方の催告権（一九条）〔現行の民法20条・中山による注、以下同
じ。〕については、催告をうけたものが単独で追認をなしうるときには確答をしなければ追認したも
のとみなしています。上記第一〇〇八条の遺言執行者に対する利害関係人の催告権については、この
後者の原則をつらぬいているのです。この条文は旧法第一一一〇条を踏襲して戦後にもち越されたも
のですが旧法立法の理由書は、こう説いており、一見財産法的処理によるのを正当とするかのような
口振りですが、結果的には保護法の理論に服せしめていることを知るべきです。『外国ノ立法例ニ於
テハ多クハ本条ノ如キ規定ヲ設ケスト雖モ独リ独逸民法ノミ之ヲ設ケタリ只独逸民法ニ於テハ裁判所
カ期間ヲ定メテ催告ヲ為スモノトシ且ツ遺言執行者ニ指定セラレタル者ハ裁判所ノ定メタル期間内ニ
何等ノ意思表示ヲ為ササルトキハ就職ヲ拒絶シタルモノト看做セリ今此ノ如ク遺言執行者ニ指定セラ
レタル者カ或期間内ニ何等ノ意思表示ヲ為ササルトキハ就職ヲ拒絶シタルモノト看做スハ理論上至当
ナリト雖モ実際ニ於テ甚タ不便ナリ蓋シ遺言者ハ既ニ死亡シタル後ナルヲ以テ更ニ遺言執行者ノ指定
ヲ為スコト能ハサルヲ以テナリ』（ドイツ民法二二〇二条参照）。なお、上掲三か条に関し第一一四条
と第一〇〇八条とが対立的な効力付与をしていることは指定遺言執行者の就職については保護法の原
理下に立たしめられていることをにょじつに物語って、もうとくに補足することもありませんが、同
じ保護法の原理下に立つ第一九条と第一〇〇八条との対比については一言注意を加えておかなければ
ならないことがあります。第一九条では追認したものとみなされる者が要保護者ないし要保護者たり
し者のがわであるのに対し、第一〇〇八条ではその反対のがわの者であるということです。このこと
に少しく分析を加えるならば、前者〔改正前の民法19条・中山による注〕は要保護性の補完を要しな
くなった者（たとえば、未成年者の成年到達によって。）か要保護性の補完者（たとえば、禁治産者
の後見人。ただし、後見監督人のない場合。八六四条参照。）に対する場合で、けっきょく、完全者
対完全者の対抗関係で無能力者の取引の相手方により大なるウェイトをおいてのことです（後見監

督人がある場合において後見人がその同意をうけることを要すべき行為に関するもの等についての催告は、逆に無能力者がわにウェイトがおかれて拒絶（取消）されたものとみなされている。）。後者〔民法1008条・中山による注〕も完全者対完全者の対抗関係の外観を呈していますが、催告をするがわ〔相続人その他の利害関係人・中山による注〕が要保護者のがわ〔傍点・沼博士〕に立つという本質関係にあって催告をするがわにより大なるウェイトをおいています（すなわち、要保護性を帯有するものとしての相続財産──その管理等遺言の執行。）。前者の場合も後者の場合もともに追認・承諾したものとみなされるのですが、この二つの法統制からして、要保護性の補完のあったのちにあっては要保護者の相手方のがわに〔民法19条・中山による注〕、要保護性の補完前にあっては要保護者のがわに〔民法1008条・中山による注〕より大なるウェイトがおかれるという保護法の理論の展開に注意せられるべきです。」

　沼正也・民法の世界〔新版〕627頁では、1006条の条文を挙げたうえで、つぎのように述べられる。「反面、相続人その他相続債権者のような利害関係人は、相当の期間を定めその期間内に就職を承諾するかどうかを確答すべき旨を右の遺言執行者に催告することができ、もしその期間内に相続人に対して確答しないときは就職を承諾したものとみなすこととされている（一〇〇八条）。このさいごの点には、重要な市民社会法の生産段階機構の基本原理が内蔵されている。すなわち、達成段階機構上の原理にしたがえば、返事がなければ承諾をしたものとするという意思表示を認容することはできず、さればたとえば狭義の無権代理をめぐりその相手方が本人に対し相当の期間内に追認をするかどうかを催告した場合に、『若シ本人カ其期間内ニ確答ヲ為ササルトキハ追認ヲ拒絶シタルモノト看做ス』と規定せられているゆえんである（一一四条後段）。しかるに遺言執行者についはこの建てまえが逆倒して生産段階機構の原理によらしめられているのは、遺体・遺産があたかも不在者の財産におけるがごとき保護法の理論に服する管理者を欠く要保護財産であるからのことである。両者の差異は、遺体・遺産は直接的に人には連結していない物それじたいでありまた相続法の形骸性の原理に指導せられるものであるのに対し不在者の財産はしからずという点にあり、かくその要保護性が微弱であるということは、のちに解明されるように、遺言執行者の職務等にかかる法規整の随所に反映せしめられている。」上の引用中、生産段階機構とは、弱者を無条件に保護して強者に生産する機構すなわち親族法を表し、達成段階機構とは、すでに強者になった者同士が一対一で対抗する機構すなわち財産法を表す。

第1009条

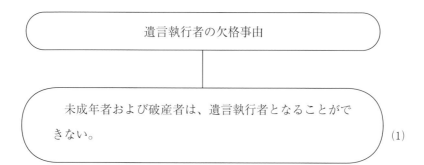

(1)　沼正也・前掲627頁では、つぎのように述べられる。「遺言執行者の欠格事由として無能力者〔改正前の民法の用語・中山による注〕と破産者とが挙げられているのは（一〇〇九条）、以上のように遺言の執行制度が保護法上のものであるからである。」

第1010条

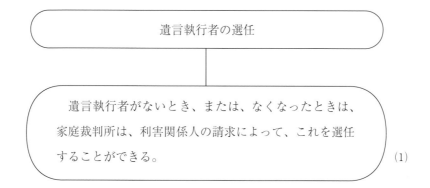

(1)　沼正也・前掲627頁以下で、つぎのように述べられる。「指定による遺言執行者がないときは、第二に、家庭裁判所が利害関係人の請求によってこれを選任することにしている。遺言執行者が欠けた場合に利害関係人から請求があったときも、同断である（一〇一〇条。家庭裁判所で職権で遺言執行者の選任ができるとはされていないから、利害関係人の請求がなければ、前記のように相続財産管理人を職権で選任するほかは、相続人が遺言を執行することになる。相続人が遺言を執行する場合にあっても、この者が遺言執行者とみなされるわけではないことに注意。）。旧法上ではこの条文に相当する旧第一一一二条に第二項をおいて、『前項ノ規定ニ依リテ選任シタル遺言執行者ハ正当ノ理由アルニ非サレハ就職ヲ拒ムコトヲ得ス』と保護法の理論を直視した規定をおいていた（この条項は、後見にかかる第八四四条と同趣旨のものであることに注意すべきである。）。新法がこの条項を削除したのは、上記相続法の形骸性をもってしても正しい態度というべきものではない。家事審判規則第一二五条は、その第八三条が『家庭裁判所は、後見人を選任するには、後見人となるべき者の意見を聴かな

ければならない。』とする規定を準用して、『第八十三条の規定は、遺言執行者の選任にこれを準用する。』と規定している。この両条文の趣旨は、生産段階機構における意思からも対価関係からも責任関係からもの無条件における保護の強制性を個人意思のあくなき尊重を実践原理とする達成段階機構に一歩を近づけて運用せられるべしとするつとにしてつぶさに考察した次善性の原理にすなわち後見人等を選任するについていきなり強制に訴えず後見人等に選任しようとする者が進んで引き受けてくれるように説得し、なんぴとも後見人を引き受けたがらないときにはさいごのさいごの手段としては強制に訴えなければならないという原理に基づくものであるのに、学者あるいは家事審判規則のこの規定を目して、『家庭裁判所は選任にあたって、遺言執行者となるべき者の意見をきかねばならないから……、就職を承諾する者のみを選任する。』等と説いているのは不当もはなはだしいものというべきである。」

第1011条

遺言執行者による相続財産の目録の作成義務

① 遺言執行者は、遅滞なく、相続財産の目録を作成して、相続人に交付しなければならない。

② 遺言執行者は、相続人の請求があるときは、その立会いをもって相続財産の目録を作成し、または公証人に、これを作成させなければならない。

第1012条

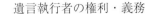

遺言執行者の権利・義務

① 　遺言執行者は、遺言の内容を実現するため、相続財産の管理その他、遺言の執行に必要な一切の行為をする権利義務を有する。

② 　遺言執行者がある場合には、遺贈の履行は、遺言執行者のみが行うことができる。

③ 　第644条（受任者の注意義務）、第645条から第647条まで（受任者の義務と責任）および第650条（受任者による費用等の償還請求権等）の規定は、遺言執行者について準用する。

第1013条

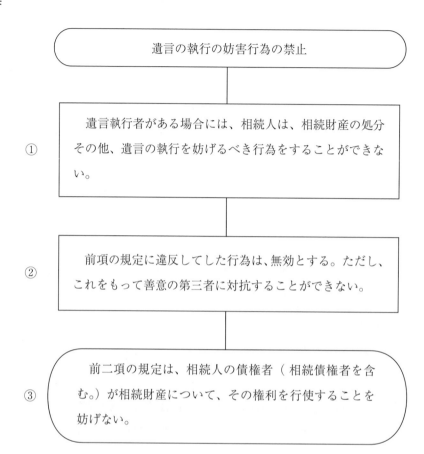

① 　遺言執行者がある場合には、相続人は、相続財産の処分その他、遺言の執行を妨げるべき行為をすることができない。

② 　前項の規定に違反してした行為は、無効とする。ただし、これをもって善意の第三者に対抗することができない。

③ 　前二項の規定は、相続人の債権者（相続債権者を含む。）が相続財産について、その権利を行使することを妨げない。

(1)　沼正也・与える強制と奪う強制［新版］166頁で、つぎのように述べられる。「執行を要すべき遺言内容がありながら、遺言者による遺言執行者の指定も、利害関係人による遺言執行者選任の請求もないときには、家庭裁判所は職権でこれを選任できるかについては現行法上では一般に否定的に解せられており、相続人および包括受遺者が執行すべきものと考えなされいます・・・。この場合には、相続人および包括受遺者に法定遺言執行者の地位を与えられたものでなく、したがって遺言執行者の職務権限に関する規定がこれらに準用されるわけではないことに注意せられなければなりません。このようなあいまいな法の態度を排し執行を要すべき遺言内容があるときは、遺言執行者の選任を要すべきものとすべきで、保護法の理論は現行法下においても家庭裁判所による職権選任を許容すべきものです。」

第1014条

```
┌─────────────────────────────────────────┐
│          特定財産にかんする遺言の執行          │
└─────────────────────────────────────────┘
```

① 　前三条の規定は、遺言が相続財産のうち特定の財産にかんする場合には、その財産についてのみ適用する。

② 　遺産の分割の方法の指定として遺産に属する特定の財産を共同相続人の一人または数人に承継させる旨の遺言（以下「特定財産承継遺言」という。）があったときは、遺言執行者は、当該共同相続人が第899条の2第1項に規定する対抗要件を備えるために必要な行為をすることができる。

③ 　前項の財産が預貯金債権である場合には、遺言執行者は、同項に規定する行為のほか、その預金または貯金の払戻しの請求および、その預金または貯金に係る契約の解約の申入れをすることができる。ただし、解約の申入れについては、その預貯金債権の全部が特定財産承継遺言の目的である場合に限る。

④ 　前二項の規定にかかわらず、被相続人が遺言で別段の意思を表示したときは、その意思に従う。

第1015条

遺言執行者の行為の効果

　　遺言執行者が、その権限内において遺言執行者であることを示してした行為は、相続人にたいして、直接に、その効力を生ずる。

(1)

(1)　沼正也・与える強制と奪う強制［新版］173頁以下で、遺言執行者の法的地位について、つぎのように述べられる。「さいごに遺言執行者の法的地位ですが、遺言執行者は、指定・法定・選任の後見人や家庭裁判所により選任せられた不在者の財産管理人と同じく法定代理人の範疇に属するものであることは問題がないでしょう。問題となるのは、なんぴとに対する法定代理人であるかです。死者はすでにして人ではありませんから、被相続人＝遺言者の法定代理人であるわけがありません。相続財産法人が成立せしめられた場合には、その機関ないし法定代理人というのがふさわしいでしょう。このような法人格が付与されていない場合すなわち相続人がある場合の遺言執行者は、ドイツ民法第一九一四条の法人格をもたない一時的な公募財産に対する監護者（Pfleger.『保護人』とも訳されている。・・・。）にも比すべき本質をもつものというべきです（いわゆる、『目的財産』。）。しかし、ドイツ民法における遺言執行者の地位づけに当たり、相続法と財産法・親族法とのＡ対非Ａの対立関係に直結する問題点とのかみ合わせにおいて明らかにはこのような方向における認識がなされませんでしたし、Pflegerの制度もイギリス法のPersonal representative（『人格代表者』。・・・。）も継受しなかったところから日本法では、苦しまぎれに遺言執行者を相続人の代理人とみなすことに規定されてしまったのです〔改正前の民法1015条・中山による注〕。Personal representative の制度こそ、財産法および親族法と対蹠関係にある相続法の異質原理の直視に成る制度というに値するものということもできましょう。

　　包括受遺者は相続人と同一の権利義務を有するものとされていますから（九九〇条）、遺言執行者は、相続人および包括受遺者の代理人とみなされているものと解すべきでしょう。条文を見ると、『遺言執行者は、これを相続人の代理人とみなす。』とあります（一〇一五条）。かようにして、相続人や包括受遺者が遺言執行者という法定代理人に対する本人であることにみなされてもその『本人』であることは『相続法のもつ私的保護法的側面から、被相続人の死亡を契機として相続人に第三者に対する保護法的権利が原始的に発生』（前掲沼著作集４四六九頁）せしめられたものという自由法的解釈が導き出されなければならず、この任務をみずからはたしえないがゆえにの法定代理人という特殊な構成がなされるべきです。」

　　沼正也・民法の世界［新版］628頁では、つぎのように述べられる。「遺言執行者は、ほんらい的に

は遺体・遺産という財団的存在の法定代理人ないし機関というべきであるがこれに法人格を与えることをしなかったところから民法は苦肉の策として『これを相続人の代理人とみなす。』ことにしたのだった（一〇一五条）〔現行の民法では改正されている。中山による注〕。」

　図解による法律用語辞典386頁によれば、「遺言執行者は、一応相続人の代理者とされている〔改正前の民法1015条・中山による注〕が、実質的には死者の人格を代理しているわけだから、相続人を相手に訴訟を起こすこともできると解されている。」

第1016条

遺言執行者の復任権

①　　遺言執行者は、自己の責任で第三者に、その任務を行わせることができる。ただし、遺言者が、その遺言に別段の意思を表示したときは、その意思に従う。

②　　前項、本文の場合において、第三者に任務を行わせることについて、やむを得ない事由があるときは、遺言執行者は、相続人にたいして、その選任および監督についての責任のみを負う。

第1017条

遺言執行者が数人ある場合の任務の執行

①　遺言執行者が数人ある場合には、その任務の執行は、過半数で決する。ただし、遺言者が、その遺言に別段の意思を表示したときは、その意思に従う。

②　各遺言執行者は、前項の規定にかかわらず、保存行為をすることができる。

第1018条

遺言執行者の報酬

①　家庭裁判所は、相続財産の状況その他の事情によって遺言執行者の報酬を定めることができる。ただし、遺言者が、その遺言に報酬を定めたときは、この限りでない。

②　第648条、第2項および第3項（受任者の報酬）ならびに第648条の2（成果等にたいする報酬）の規定は、遺言執行者が報酬を受けるべき場合について準用する。

(1)

(1)　沼正也・民法の世界［新版］629頁では、民法1018条の条文を挙げたうえで、つぎのように述べられる。「・・・と不在者の財産管理人のそれとも後見人のそれとも異なる規定の仕方をしているのは（二九条二項・八六二条参照）、遺言の執行制度には保護法の理論は微弱にしか妥当しないことのもっとも典型的な側面を示しているものではあるが、これを目して達成段階機構上のそれと同視することはできず、遺言の執行が建てまえ的には無償の原理に服していることが否定されているものではない・・・。」

第1019条

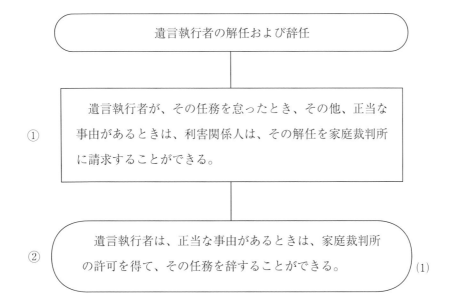

① 遺言執行者が、その任務を怠ったとき、その他、正当な事由があるときは、利害関係人は、その解任を家庭裁判所に請求することができる。

② 遺言執行者は、正当な事由があるときは、家庭裁判所の許可を得て、その任務を辞することができる。 (1)

（遺言執行者の解任および辞任）

(1)　沼正也・与える強制と奪う強制［新版］170頁以下で、つぎのように述べられる。「第二項は後見人の辞任についての第八四四条とまったく同旨の規定であり、ここに『正当な事由』とは、保護法の理論により要保護者の観点からしてじぶんが後見人・遺言執行者であってはじゅうぶんな保護が尽くせないという財産法的正当事由の自己本位なのと逆倒した理解がなされなければならないことも『理論親族法学』〔沼正也・墓場の家族法と揺りかごの財産法のなかにある・中山による注〕で詳論したとおりです・・・。第一項は、同じく後見人の解任にかかる第八四五条に対応する規定で解任の請求権者とされる者が両者で異なるのはともに保護法範疇に属しながらも後見と遺言執行の性質上の差異に基づくものであり、後者については検察官まで請求権者に加えていない点は死者の生活関係の清算という低次元の要保護性の補完たることを示しえています（親権の喪失請求にも、検察官を参画せしめている。八三四条）。

　　沼正也・民法の世界［新版］629頁では、民法1019条について、つぎのように述べられる。「・・・旨の規定も（一〇一九条）、後見人の解任・辞任に対応する規定であるが、いくらか要件のきびしさが緩和されていることが読み取れる。」

第1020条

委任の諸規定の準用

　第654条（委任の終了後の処分）および第655条（委任の
終了の対抗要件）の規定は、遺言執行者の任務が終了した
場合について準用する。

第1021条

遺言の執行にかんする費用の負担

　遺言の執行にかんする費用は、相続財産の負担とする。
ただし、これによって遺留分を減ずることができない。

第5節　遺言の撤回および取消し（1022条〜1027条の関係）

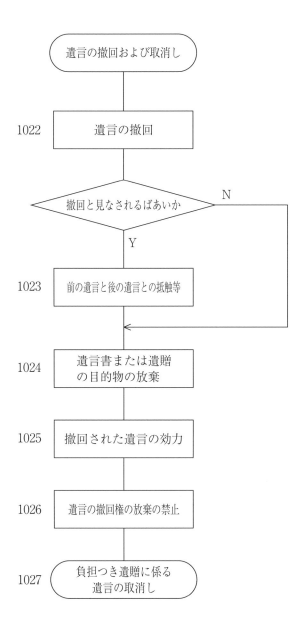

第1022条

遺言の撤回

遺言者は、いつでも、遺言の方式に従って、その遺言の全部または一部を撤回することができる。

第1023条

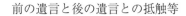

前の遺言と後の遺言との抵触等

① 前の遺言が後の遺言と抵触するときは、その抵触する部分については、後の遺言で前の遺言を撤回したものと見なす。

② 前項の規定は、遺言が遺言後の生前処分その他の法律行為と抵触する場合について準用する。

第1024条

遺言書または遺贈の目的物の破棄

遺言者が故意に遺言書を破棄したときは、その破棄した部分については、遺言を撤回したものと見なす。遺言者が故意に遺贈の目的物を破棄したときも、同様とする。

第1025条

撤回された遺言の効力

前三条の規定により撤回された遺言は、その撤回の行為が、撤回され、取り消され、または効力を生じなくなるに至ったときであっても、その効力を回復しない。ただし、その行為が錯誤、詐欺または強迫による場合は、この限りでない。

(1)

(2)

⑴　⑵も含めて、高梨公之・監修・萩原太郎・山川一陽・口語民法［新補訂２版］508頁を参照した。

(1)　1025条、本文。

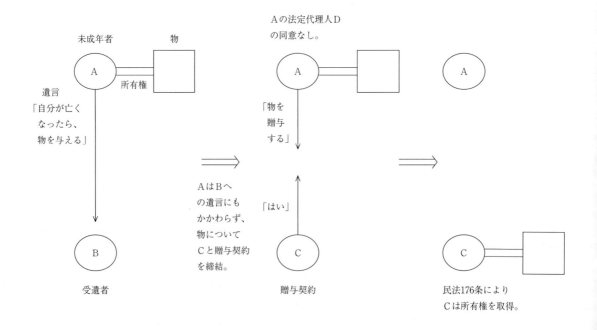

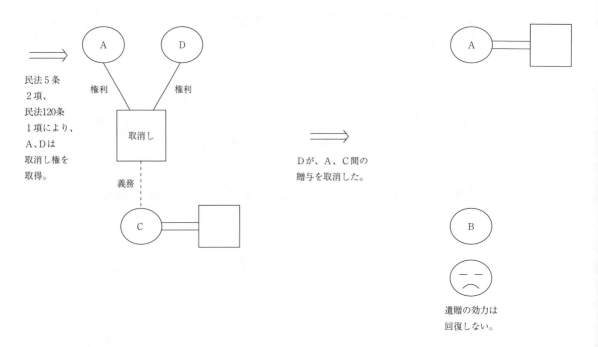

〔理由〕

未成年者Aは遺言を撤回するつもりで他人Cに贈与したことが、Aの意思と見られる。

(2)　1025条、ただし書き。

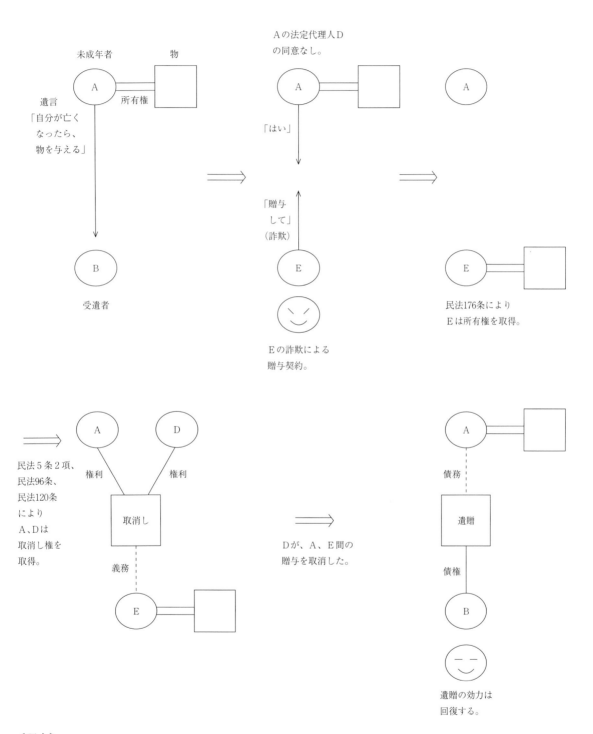

〔理由〕

未成年者Aは遺言を撤回するつもりはないことが、Aの意思と見られる。

第1026条

遺言の撤回権の放棄の禁止

遺言者は、その遺言を撤回する権利を放棄することができない。

第1027条

負担付き遺贈にかかる相続人のもつ遺言の取消しの請求権

負担付き遺贈を受けた者が、その負担した義務を履行しないときは、相続人は、相当の期間を定めて、その履行の催告をすることができる。この場合において、その期間内に履行がないときは、その負担付き遺贈にかかる遺言の取消しを家庭裁判所に請求することができる。

第8章　配偶者の居住の権利（第1節と第2節との関係）

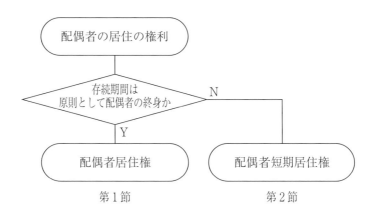

第1節　配偶者居住権

第1028条

配偶者居住権

① 　被相続人の配偶者（以下この章において単に「配偶者」という。）は、被相続人の財産に属した建物に相続開始の時に居住していた場合において、次の各号のいずれかに該当するときは、その居住していた建物（以下この節において「居住建物」という。）の全部について無償で使用および収益をする権利（以下この章において「配偶者居住権」という。）を取得する。ただし、被相続人が相続開始の時に居住建物を配偶者以外の者と共有していた場合にあっては、この限りでない。
　一　遺産の分割によって配偶者居住権を取得するものとされたとき。
　二　配偶者居住権が遺贈の目的とされたとき。

② 　居住建物が配偶者の財産に属することとなった場合であっても、他の者が、その共有持分を有するときは、配偶者居住権は、消滅しない。

③ 　第903条、第4項（特別受益者の相続分）の規定は、配偶者居住権の遺贈について準用する。

第1029条

```
╭─────────────────────────────────────────╮
│           審判による配偶者居住権の取得           │
╰─────────────────────────────────────────╯
                      │
╭─────────────────────────────────────────╮
│   遺産の分割の請求を受けた家庭裁判所は、つぎに掲げ    │
│  る場合にかぎり、配偶者が配偶者居住権を取得する旨を    │
│  定めることができる。                        │
│  一　共同相続人間に配偶者が配偶者居住権を取得するこ   │
│    とについて合意が成立しているとき。            │
│  二　配偶者が家庭裁判所にたいして配偶者居住権の取得   │
│    を希望する旨を申し出た場合において、居住建物の    │
│    所有者の受ける不利益の程度を考慮してもなお配偶    │
│    者の生活を維持するために特に必要があると認める    │
│    とき（前号に掲げる場合を除く。）。             │
╰─────────────────────────────────────────╯
```

第1030条

```
╭─────────────────────────────────────────╮
│           配偶者居住権の存続期間               │
╰─────────────────────────────────────────╯
                      │
╭─────────────────────────────────────────╮
│   配偶者居住権の存続期間は、配偶者の終身の間とする。   │
│  ただし、遺産の分割の協議もしくは遺言に別段の定めが    │
│  あるとき、または家庭裁判所が遺産の分割の審判におい    │
│  て別段の定めをしたときは、その定めるところによる。    │
╰─────────────────────────────────────────╯
```

第1031条

配偶者居住権の登記等

① 　居住建物の所有者は、配偶者（配偶者居住権を取得した配偶者に限る。以下この節において同じ。）にたいし、配偶者居住権の設定の登記を備えさせる義務を負う。　(1)

② 　第605条（不動産賃貸借の対抗力）の規定は配偶者居住権について、第605条の４（不動産の賃借人による妨害の停止の請求等）の規定は配偶者居住権の設定の登記を備えた場合について準用する。　(2)

(1)　石田剛・民法（相続関係）改正法の概要69頁以下を参照した。以下、(2)をふくめて図解する。配偶
　　者をＡ、居住建物の所有者をＢ、Ｂから建物を譲り受けた者をＣとする。

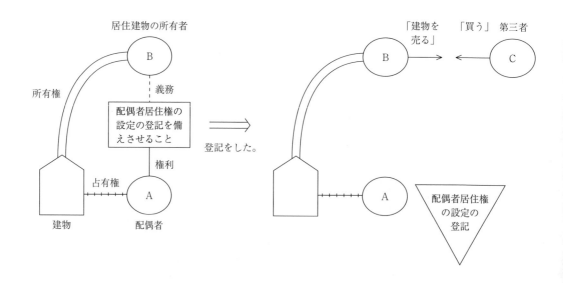

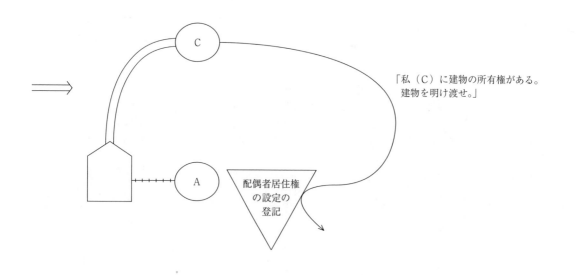

第1032条

```
          ┌─────────────────────────────────────┐
          │       配偶者による使用および収益       │
          └─────────────────────────────────────┘
```

① 　配偶者は、従前の用法にしたがい、善良な管理者の注意をもって、居住建物の使用および収益をしなければならない。ただし、従前、居住の用に供していなかった部分について、これを居住の用に供することを妨げない。

② 　配偶者居住権は、譲渡することができない。

③ 　配偶者は、居住建物の所有者の承諾を得なければ、居住建物の改築もしくは増築をし、または第三者に居住建物の使用もしくは収益をさせることができない。

④ 　配偶者が第１項または前項の規定に違反した場合において、居住建物の所有者が相当の期間を定めて、その是正の勧告をし、その期間内に是正がされないときは、居住建物の所有者は、当該配偶者にたいする意思表示によって配偶者居住権を消滅させることができる。

第1033条

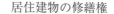

居住建物の修繕権

①　　配偶者は、居住建物の使用および収益に必要な修繕をすることができる。

②　　居住建物の修繕が必要である場合において、配偶者が相当の期間内に必要な修繕をしないときは、居住建物の所有者は、その修繕をすることができる。

③　　居住建物が修繕を要するとき（第1項の規定により配偶者が自ら、その修繕をするときを除く。）、または居住建物について権利を主張する者があるときは、配偶者は、居住建物の所有者にたいし、遅滞なく、その旨を通知しなければならない。ただし、居住建物の所有者が、すでに、これを知っているときは、この限りでない。

第1034条

居住建物の費用の負担

①　　配偶者は、居住建物の通常の必要費を負担する。

②　　第583条、第2項（買戻目的物についての費用償還）の規定は、前項の通常の必要費以外の費用について準用する。

第1035条

居住建物の返還義務等

① 　配偶者は、配偶者居住権が消滅したときは、居住建物の返還をしなければならない。ただし、配偶者が居住建物について共有持分を有する場合は、居住建物の所有者は、配偶者居住権が消滅したことを理由としては、居住建物の返還を求めることができない。

② 　第599条、第１項および第２項（借主による収去）ならびに第621条（賃借人の原状回復義務）の規定は、前項、本文の規定により配偶者が相続の開始後に附属させた物がある居住建物または相続の開始後に生じた損傷がある居住建物の返還をする場合について準用する。

第1036条

使用貸借および賃貸借の諸規定の準用

　第597条、第１項および第３項（期間満了等による使用貸借の終了）、第600条（損害賠償および費用の償還の請求権についての期間の制限）、第612条（転貸の効果）ならび第616条の２（賃借物の全部滅失等による賃貸借の終了）の規定は、配偶者居住権について準用する。

第2節　配偶者短期居住権

第1037条

配偶者短期居住権

①
　　配偶者は、被相続人の財産に属した建物に相続開始の時に無償で居住していた場合には、つぎの各号に掲げる区分に応じて、それぞれ当該各号に定める日までの間、その居住していた建物（以下この節において「居住建物」という。）の所有権を相続または遺贈により取得した者（以下この節において「居住建物取得者」という。）にたいし、居住建物について無償で使用する権利（居住建物の一部のみを無償で使用していた場合にあっては、その部分について無償で使用する権利。以下この節において「配偶者短期居住権」という。）を有する。ただし、配偶者が、相続開始の時において居住建物に係る配偶者居住権を取得したとき、または第891条の規定に該当し、もしくは廃除によって、その相続権を失ったときは、この限りでない。

一　居住建物について配偶者を含む共同相続人間で遺産の分割をすべき場合　遺産の分割により居住建物の帰属が確定した日または相続開始の時から6箇月を経過する日の、いずれか遅い日

二　前号に掲げる場合以外の場合　第3項の申入れの日から6箇月を経過する日
(1)

②
　　前項本文の場合においては、居住建物取得者は、第三者にたいする居住建物の譲渡その他の方法により配偶者の居住建物の使用を妨げてはならない。

③
　　居住建物取得者は、第1項、第1号に掲げる場合を除くほか、いつでも配偶者短期居住権の消滅の申入れをすることができる。

(1)　潮見佳男・民法（相続関係）改正法の概要88頁、堂園幹一郎・神吉康二・概説・改正相続法25頁以
　　下を参照した。Aを被相続人、BをAの配偶者、A所有の建物を相続または遺贈によって取得した居
　　住建物取得者をCとする。

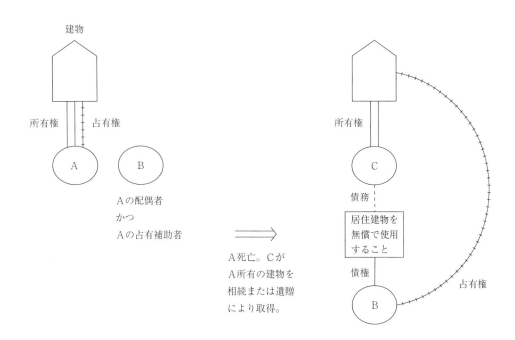

第1038条

配偶者による使用

① 　配偶者（配偶者短期居住権を有する配偶者に限る。以下この節において同じ。）は、従前の用法に従い、善良な管理者の注意をもって、居住建物の使用をしなければならない。

② 　配偶者は、居住建物取得者の承諾を得なければ、第三者に居住建物の使用をさせることができない。

③ 　配偶者が前二項の規定に違反したときは、居住建物取得者は、当該配偶者にたいする意思表示によって配偶者短期居住権を消滅させることができる。

第1039条

配偶者居住権の取得による配偶者短期居住権の消滅

　配偶者が居住建物に係る配偶者居住権を取得したときは、配偶者短期居住権は、消滅する。

第1040条

居住建物の返還等

① 　配偶者は、前条に規定する場合を除き、配偶者短期居住権が消滅したときは、居住建物の返還をしなければならない。ただし、配偶者が居住建物について共有持分を有する場合は、居住建物取得者は、配偶者短期居住権が消滅したことを理由としては、居住建物の返還を求めることができない。

② 　第599条、第１項および第２項（借主による収去）ならびに第621条（賃借人の原状回復義務）の規定は、前項、本文の規定により、配偶者が相続の開始後に附属させた物がある居住建物または相続の開始後に生じた損傷がある居住建物の返還をする場合について準用する。

第1041条

使用貸借等の諸規定の準用

　第597条、第３項（借主の死亡による使用貸借の終了）、第600条（損害賠償および費用の償還の請求権についての期間の制限）、第616条の２（賃借物の全部滅失等による賃貸借の終了）、第1032条、第２項（配偶者居住権の譲渡禁止）、第1033条（居住建物の修繕等）および第1034条（居住建物の費用の負担）の規定は、配偶者短期居住権について準用する。

第9章　遺留分（1042条〜1049条の関係）

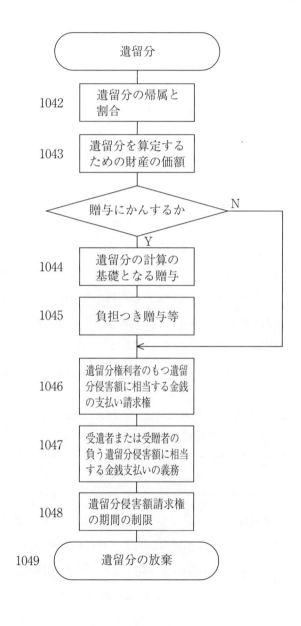

第1042条

```
┌─────────────────────────────────────────┐
│        遺留分の帰属および、その割合          │
└─────────────────────────────────────────┘
```

① 　兄弟姉妹以外の相続人は、遺留分として、次条、第1項に規定する遺留分を算定するための財産の価額に、次の各号に掲げる区分に応じて、それぞれ当該各号に定める割合を乗じた額を受ける。
一　直系尊属のみが相続人である場合　3分の1
二　前号に掲げる場合、以外の場合　　2分の1

② 　相続人が数人ある場合には、前項、各号に定める割合は、これらに第900条および第901条の規定により算定した、その各自の相続分を乗じた割合とする。

第1043条

```
┌─────────────────────────────────────────┐
│        遺留分を算定するための財産の価額        │
└─────────────────────────────────────────┘
```

① 　遺留分を算定するための財産の価額は、被相続人が相続開始の時において有した財産の価額に、その贈与した財産の価額を加えた額から債務の全額を控除した額とする。　(1)

② 　条件つきの権利または存続期間の不確定な権利は、家庭裁判所が選任した鑑定人の評価にしたがって、その価格を定める。

⑴　本条には、遺贈について書かれていない点につき、諸学者は、つぎのように述べる。なお、以下、引用した文章は、改正前の民法1029条についてであり、現在の民法1043条に当たる。

　　沼正也・与える強制と奪う強制〔新版〕124頁（1976年）で、つぎのように述べられる。「以上の要請からして、遺贈を律するについての遺留分算定の基礎となる被相続人の財産の価額は、被相続人死亡時に遺された現実の遺産の価額とはべつに、特殊・観念的に構成されなければならない論理構造となります。これが、わが民法上では第一〇二九条第一項となっているのです。『遺留分は、被相続人が相続開始の時において有した財産の価額にその贈与した財産の価額を加え、その中から債務の全額を控除して、これを算定する。』というものです。被相続人が遺贈した財産の控除に触れていないのは、遺贈した財産を債務として控除すると遺留分の額をこれまた有名無実なものとしてしまうからなのです。遺産一〇〇万円がすっかり遺贈されてしまった場合につき、考えをめぐらせてください。『債務の全額』を控除するといっているのは、形骸性に色づけられながらも、遺留分の制度は親族法の私的保護の法的受容なのですから積極財産にのみ関し消極財産＝債務におよぶことができませんから、以上の計算によりえられた価額がゼロまたはマイナスになるときは遺留分ゼロというわけです。」

　　甲斐道太郎・乾昭三・椿久夫・編・新民法概説(3)改訂版〔親族・相続〕（2002年）241頁では、つぎのように述べられる。「遺贈は、相続開始の時に被相続人の『有した財産』に入るから、加算も控除もされない。」

　　原島重義・口語親族相続法〔補訂版〕483頁（2005年）では、つぎのように述べられる。「ここに、遺贈〔傍点・原島〕された財産について規定していないのは、これを遺留分算定の基礎となる財産から除外する意味ではなく、逆に、当然にその財産のなかに含めているからである。つまり、遺贈がなされても、相続開始時には遺贈の対象となった財産は、まだ相続財産中に含まれていると考えたからであろう。死因贈与は遺贈と同一に取扱われる（→　五五四条)。」

第1044条

遺留分の計算の基礎となる贈与

①　　贈与は、相続開始前の１年間にしたものにかぎり、前条の規定により、その価額を算入する。当事者双方が遺留分権利者に損害を加えることを知って贈与をしたときは、１年前の日より前にしたものについても、同様とする。

②　　第904条（特別受益者の相続分）の規定は、前項に規定する贈与の価額について準用する。

③　　相続人にたいする贈与についての第１項の規定の適用については、同項中「１年」とあるのは「10年」と、「価額」とあるのは「価額（婚姻もしくは養子縁組のため、または生計の資本として受けた贈与の価額に限る。）」とする。

第1045条

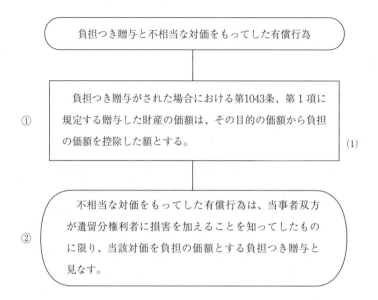

（1）　高梨公之・監修・萩原太郎・山川一陽・口語民法［新補訂2版］（改正前の民法1038条）を参照した。
　　　Aが死亡前、1年間に、順次400万円の土地をCに贈与し、300万円の建物をDへ贈与した。Dについ
　　　ては、Dは、以上の贈与を受けたさいに、10年間は、毎年10万円ずつ、ある小学校へ寄付することを
　　　Aと約束した。Aの遺産100万円は、Aの子のBが相続した。数字の単位は万円とする。

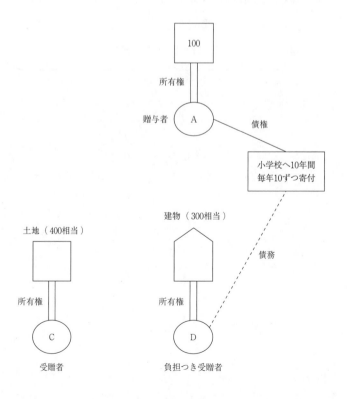

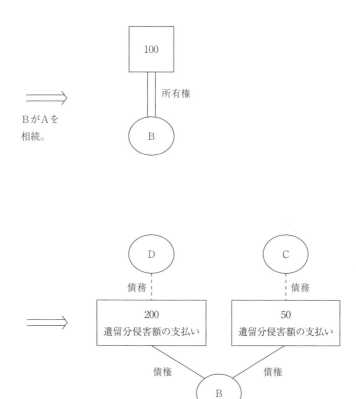

Ｂの遺留分

$$\frac{100 + 400 + 300 - 100}{2}$$

＝　350

Ｂは、Ａから、遺産100を相続しただけだから、ＢはＤ、Ｃから、250取り戻すことができる。

Ｂは、Ｄにたいし、300－100（負担の価額）＝200の遺留分侵害額の支払いを請求することができる。

Ｂは、Ｃにたいし、のこり50の遺留分侵害額の支払いを請求することができる。

第1046条

遺留分侵害額の請求権

①
　　遺留分権利者および、その承継人は、受遺者（特定財産承継遺言により財産を承継し、または相続分の指定を受けた相続人を含む。以下この章において同じ。）または受贈者にたいし、遺留分侵害額に相当する金銭の支払を請求することができる。

(1)

②
　　遺留分侵害額は、第1042条の規定による遺留分から第一号および第二号に掲げる額を控除し、これに第三号に掲げる額を加算して算定する。
一　遺留分権利者が受けた遺贈または第903条、第 1 項に規定する贈与の価額
二　第900条から第902条まで、第903条および第904条の規定により算定した相続分に応じて遺留分権利者が取得すべき遺産の価額
三　被相続人が相続開始の時において有した債務のうち、第899条の規定により遺留分権利者が承継する債務（次条、第 3 項において「 遺留分権利者承継債務 」という。）の額

⑴　高梨公之・監修・口語民法［新補訂２版］（改正前の民法1031条）を参照した。夫Ｘが、死亡の半年くらい前に、愛人Ｐに700万円を贈与した。Ｘは死亡当時は100万円の遺産があっただけで、妻Ｙだけが相続人のばあい。妻の遺留分は２分の１（民法1042条１項）。以下、数字の単位は万円とする。

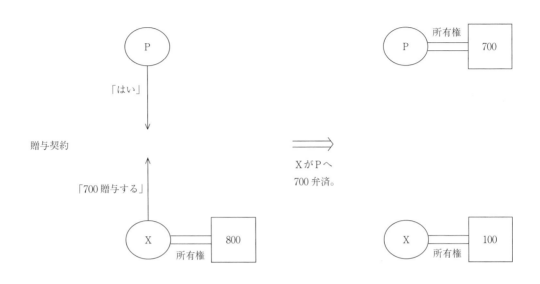

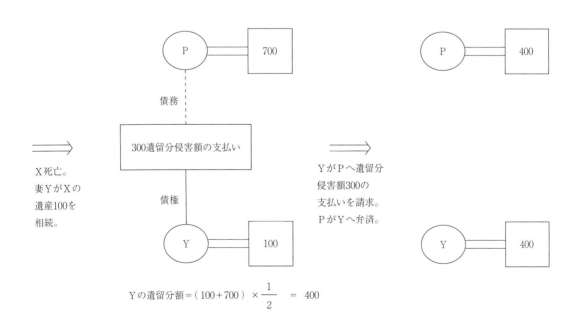

Ｙの遺留分額＝（100＋700）× $\dfrac{1}{2}$　＝　400

高梨公之・監修・口語民法［新補訂２版］（改正前の民法1031条）を参照した。前掲と同じ例で妻Ｙだけが相続人とする。

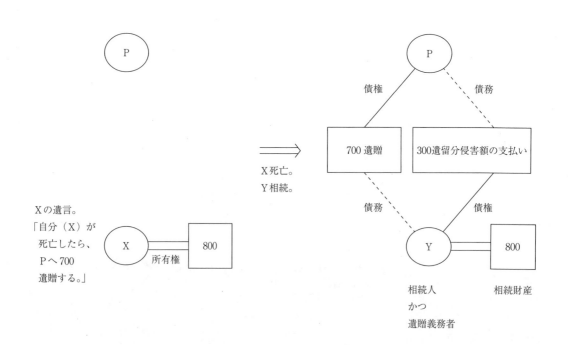

Ｘの遺言。
「自分（Ｘ）が
死亡したら、
Ｐへ700
遺贈する。」

X死亡。
Y相続。

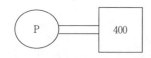

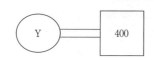

ＹがＰへ
700の遺贈を
拒否して、
400を弁済。

$$Yの遺留分 = 800 \times \frac{1}{2} = 400$$

第1047条

```
┌────────────────────────────────────────────────┐
│           受遺者または受贈者の負担額                │
└────────────────────────────────────────────────┘
```

① 　受遺者または受贈者は、つぎの各号の定めるところにしたがい、遺贈（特定財産承継遺言による財産の承継または相続分の指定による遺産の取得を含む。以下この章において同じ。）または贈与（遺留分を算定するための財産の価額に算入されるものに限る。以下この章において同じ。）の目的の価額（受遺者または受贈者が相続人である場合にあっては、当該価額から第1042条の規定による遺留分として当該相続人が受けるべき額を控除した額）を限度として、遺留分侵害額を負担する。

一　受遺者と受贈者とがあるときは、受遺者が先に負担する。　(1)

二　受遺者が複数あるとき、または受贈者が複数ある場合において、その贈与が同時にされたものであるときは、受遺者または受贈者が、その目的の価額の割合に応じて負担する。ただし、遺言者が、その遺言に別段の意思を表示したときは、その意思に従う。　(2)

三　受贈者が複数あるとき（前号に規定する場合を除く。）は、後の贈与に係る受贈者から順次、前の贈与に係る受贈者が負担する。　(3)

② 　第904条（特別受益者の相続分）、第1043条、第2項および第1045条（遺留分を算定するための財産の価額）の規定は、前項に規定する遺贈または贈与の目的の価額について準用する。

③ 　前条、第1項の請求を受けた受遺者または受贈者は、遺留分権利者承継債務について弁済その他の債務を消滅させる行為をしたときは、消滅した債務の額の限度において、遺留分権利者にたいする意思表示によって第1項の規定により負担する債務を消滅させることができる。この場合において、当該行為によって遺留分権利者にたいして取得した求償権は、消滅した当該債務の額の限度において消滅する。

④ 　受遺者または受贈者の無資力によって生じた損失は、遺留分権利者の負担に帰する。　(4)

⑤ 　裁判所は、受遺者または受贈者の請求により、第1項の規定により負担する債務の全部または一部の支払につき相当の期限を許与することができる。

⑴　具体例として、高梨公之・監修・萩原太郎・山川一陽・口語民法［新補訂2版］512頁にある図表を、ほぼそのまま掲げる。Xを、妻と4人の子A、B、C、Dが相続したばあい。数字は円単位。

（イ）遺産	240万	240万	240万	240万
（ロ）Aの生活のための贈与	120万	＋120万	＋120万	
（ハ）Bにたいする遺贈	60万			－ 60万
（ニ）Xの債務	120万	－120万		－120万
		‖	‖	‖
		240万	360万	60万
		a	b	c
		遺留分を算定するための財産の価額 民法1043条1項。	プラスの財産 民法903条1項。	遺贈分を除いた実際の遺産額。

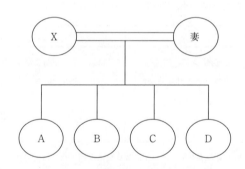

遺留分	903条による相続額	現実にもらえる額
$a \times \dfrac{1}{2}$	b	c
妻 $= 120万 \times \dfrac{1}{2} = 60万$	$360万 \times \dfrac{1}{2} - 0 = 180万$	$60万 \times \dfrac{180}{180+45+45} = 40万$
$A = 120万 \times \dfrac{1}{8} = 15万$	$360万 \times \dfrac{1}{8} - 120万 < 0$	$60万 \times \dfrac{0}{180+45+45} = 0$
$B = 120万 \times \dfrac{1}{8} = 15万$	$360万 \times \dfrac{1}{8} - 60万 < 0$	$60万 \times \dfrac{0}{180+45+45} = 0$
$C = 120万 \times \dfrac{1}{8} = 15万$	$360万 \times \dfrac{1}{8} - 0 = 45万$	$60万 \times \dfrac{45}{180+45+45} = 10万$
$D = 120万 \times \dfrac{1}{8} = 15万$	$360万 \times \dfrac{1}{8} - 0 = 45万$	$60万 \times \dfrac{45}{180+45+45} = 10万$

〔遺留分に食い込まれた分〕　　〔修正された額〕

	〔遺留分に食い込まれた分〕	〔修正された額〕
妻	$60万 - 40万 = 20万$	60万
A		0　……生前の贈与120は、そのまま。
B		30万……遺留分侵害額を請求された遺贈
		$30万 = 60万 - 20万 - 5万 - 5万$
		（妻）　（C）　（D）
		民法1047条1項1号による。
C	$15万 - 10万 = 5万$	15万
D	$15万 - 10万 = 5万$	15万

以下、前掲書513頁以下を引用する。〔　〕内は、中山による注。

「ある人Xの相続人として妻とABCD四人の子がある場合、前掲図の（イ）（ロ）（ハ）（ニ）のような財産関係があるとすると、遺留分は妻六〇万円、子は各自一五万円となる。ABに対し特別の利益が与えられているから、九〇三条によって相続分を計算すると妻3分の2、ABはもらいすぎているから二人ともゼロ、CDは各自6分の1ずつ。そして妻とCDとが相続によってもらえる額は、遺産から遺贈と負債とを差し引いた額をこの相続分の割合で分けたもので、それは妻四〇万円、CD各一〇万円であるから、結局妻は二〇万円、CとDは各自五万円ずつ遺留分にくいこまれてしまっている。そこで、この三人〔妻、C、D〕は、自分の遺留分を保全するために、ABがもらっているものから、ABの遺留分を侵害しない範囲で自分〔妻、C、D〕の遺留分にくいこんでいる分を取り返す必要が出てくるわけである。取り返しの順序は遺贈が先である（→　一〇三三条以下〔現在の民法1047条〕）。なお取り返すには、贈与や遺贈を受けた者の承諾を必要としない。」

前掲・高梨公之・監修・口語民法［新補訂2版］の改正前の民法1033条の注解を引用する。「［改正前の民法］一〇三一条の・・・例では、妻とCDはまずBの遺贈六〇万円から（妻二〇万円、CD各自五万円ずつ計三〇万円だけ）差し引くことになる。したがってこの場合、Aに対する贈与を取り返す必要はない。」以下、図解する。数字の単位は万円とする。

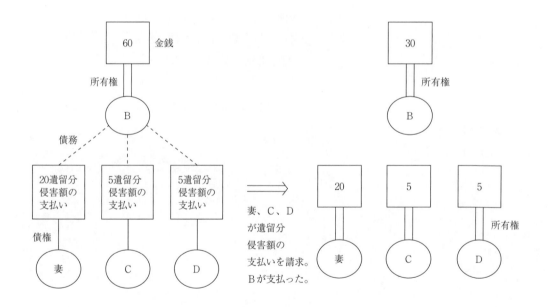

⑵　前掲・高梨公之・監修・口語民法［新補訂２版］の改正前の民法1034条の注解を引用する。ここでは、遺言者をＡ、受遺者をＢ・Ｃ、遺留分権者をＤとする。「たとえば、Ｂに二八万円、Ｃに一二万円計四〇万円の遺贈があって、そのうち、一〇万円を取り返す必要があるときは、一〇万円を28対12の割合に分け、すなわちＢから七万円、Ｃから三万円ずつ差し引いてこれを取り返す。」以下の図解で、数字の単位は万円とする。

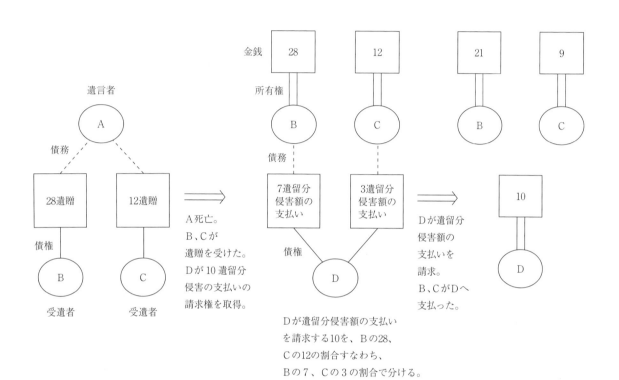

⑶　前掲・高梨公之・監修・口語民法［新補訂２版］の改正前の民法1035条の注解を引用する。「たとえば、ある人Ｘの相続人はＡＢＣの三人。遺産は二〇万円だが、Ａは一〇年前独立するに際し時価六〇万円の家屋を、ＢはＸの死亡直前商売を始めるということで一〇〇万円の贈与を受けている。Ｃの遺留分は

（20万円＋60万円＋100万円）× $\frac{1}{2}$ × $\frac{1}{3}$ ＝ 30万円。しかし、実際は二〇万円しか相続できないから、Ａ、Ｂのどちらかから一〇万円を取り返す必要があるが、本条によって、Ｂが受けた贈与から取り返すことになる。それは、新しい贈与がなかったら遺留分にくいこまない（Ｂの贈与がなければ遺産は一二〇万円になって、これをＢＣがそれぞれ六〇万円ずつ相続できるから、Ａに対する贈与があったとしてもＣの遺留分は確保されている）か、くいこみ方が少ないわけであるし、むやみに古いほうまで手を付けるのは混乱を大きくするから、後のほうからだんだん取り返すことにされているのである。同時に数口の贈与があれば、前条の要領で価格に応じて取り返せばよい（しかし、遺言で贈与の取り返し方を決めることは許されない）。」以下の図解で、数字の単位は万円とする。ある人Ｘの相続人はＡＢＣ。遺産は20万円。Ａは、10年前、60万円の家屋をＸから贈与された。Ｂは、Ｘの死亡直前に、100万円を贈与された。以下、数学の単位は万円とする。

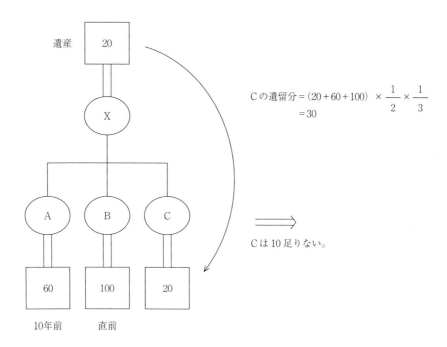

$$C の遺留分 = (20 + 60 + 100) \times \frac{1}{2} \times \frac{1}{3}$$
$$= 30$$

⟹

Cは10足りない。

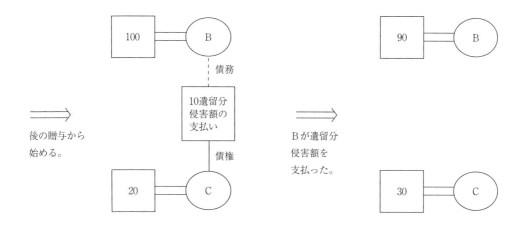

⟹

後の贈与から
始める。

⟹

Bが遺留分
侵害額を
支払った。

⑷　前掲・高梨公之・監修・口語民法［新補訂2版］の改正前の民法1037条の注解を引用する。なお以下に引用している条文は改正前の条文である。「たとえば、Aに二五万円、Bに一五万円の贈与が順次行なわれたため、そのうち一〇万円を取り返そうとする場合には、本来Bの分だけからしか取り返せないのであるが（→　一〇三五条）もしBに金がなくて相続人に対して五万円だけしか返せないというようなときには、相続人は残り五万円分だけさらにAの贈与から取り返すことができるのではなく、Bの五万円であきらめるほかないのである。」Aに25万円、Bに15万円の贈与が行われた。Cが10万円を取り返そうとするときは、後の受贈者であるBから取り返す。しかし、Bは金銭がなくて、Cに5万円しか返せないとき。以下、数字の単位は万円とする。

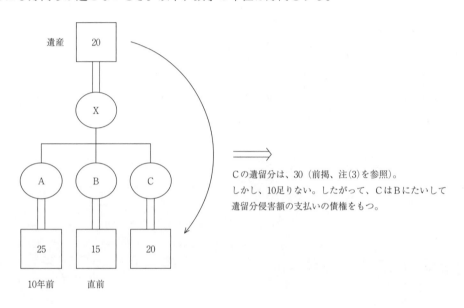

Cの遺留分は、30（前掲、注⑶を参照）。
しかし、10足りない。したがって、CはBにたいして
遺留分侵害額の支払いの債権をもつ。

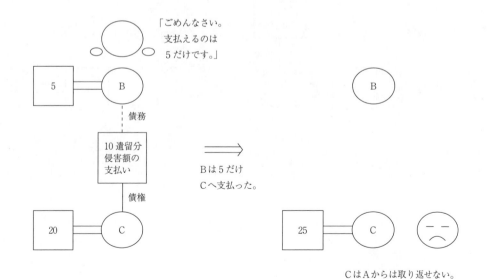

「ごめんなさい。
支払えるのは
5だけです。」

Bは5だけ
Cへ支払った。

CはAからは取り返せない。
Cは、あきらめるしかない。

第1048条

遺留分侵害額請求権の期間の制限

　遺留分侵害額の請求権は、遺留分権利者が、相続の開始および遺留分を侵害する贈与または遺贈があったことを知った時から１年間、行使しないときは、時効によって消滅する。相続開始の時から10年を経過したときも、同様とする。

第1049条

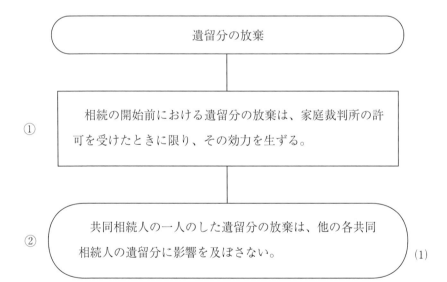

遺留分の放棄

①　　相続の開始前における遺留分の放棄は、家庭裁判所の許可を受けたときに限り、その効力を生ずる。

②　　共同相続人の一人のした遺留分の放棄は、他の各共同相続人の遺留分に影響を及ぼさない。　　　(1)

(1)　高梨公之・監修・口語民法［新補訂２版］518頁、改正前の民法1043条を参照した。

　Ｘにａ・Ｂ二人の子がいて、Ａが遺留分を放棄したばあい。

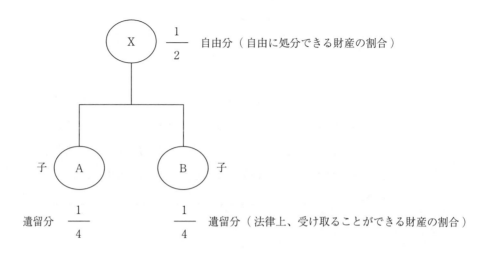

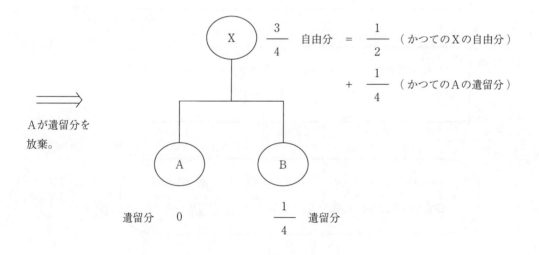

　沼正也・与える強制と奪う強制［新版］117頁以下で、「相続法における夾雑規定」の標題のもとに、つぎのように述べられる。「相続法のなかにも、種々の夾雑規定が包含されています。近代法次元としての公法規定・手続規定や前近代法次元のものとしての封建遺制がそれで、前者に属するものは同じ近代法の原理下に立ち便宜的に私法たる相続法中に包摂せられたものですから、その本質は公法上のもの・手続法上のものであることを看過さえしなければ相続法の体系下に整序してもふつごうは生起しませんが、後者は近代相続法の体系下に整序することは許されず、その体系中に座を占めさせることはげんとして退け、夾雑規定として体系外において整序せられなければなりません。このような封建遺制の法規整の解釈は拡張解釈・類推解釈を許す余地はまったくなくひたすら縮小解釈に努めなければなりません。判例法の構築も、この縮小解釈の方向においてのみ許されるものです。このような努力は、その条文の空文化にいたってはじめて終止符を打つものなのです。」

　そして、同書118頁以下で、本条について、つぎのように述べられる。「遺留分の放棄を許容する第一〇四三条の規定〔現行の第1049条・中山による注〕も、封建遺制に属するものというべきものです。家庭裁判所の許可にかからしめてはいるものの、被相続人の生前に他の共同相続人の遺留分を放棄せしめて共同相続人の一人に相続財産のすべてを集中的に与え封建的家督相続の実を温存することを可能ならしめるところまで道がつうじているからです。したがって、この規定の家庭裁判所における運用は被相続人等の圧迫によらない遺留分権利者たる放棄者の『自由意志』に基づくものであるかどうかのみを許否の基準にするをもっては足らず、放棄者が要扶養状態にないこと、将来においてもその可能性が乏しいこと、放棄した遺留分額を要扶養者たる他の共同相続人に帰属せしめる意図に出るものたること（・・・。この放棄せられた遺留分額を被相続人が要保護者たる他の共同相続人に遺贈するとはかぎらないことに、問題がある。）等を許否の基準に加うべきでしょう（家庭裁判所の審判実例中にはわずかながら、放棄者の『自由意志』に基づくだけでは足りないとする方向にあるものがあるが、もう一歩の前進を望みたい思いである。）。この条文の第一項は、『相続の開始前における遺留分の放棄』に家庭裁判所の許可を要するとあって、相続開始後にも遺留分権の放棄を認めそれには家庭裁判所の許可を要せず家庭裁判所をとおさずしてなしうるとする反対解釈がいちおう成立しますが、相続開始後の相続の放棄についても所定期間内に家庭裁判所に対する申述・・・を必要とするところからする権衡上からも（九三八条・九一五条）、また、形骸的なものではあってもほんらい遺留分権は親族法上の私的保護法の原理にゆらいするところからも、相続開始後の任意な遺留分のみの放棄はこれを許さないものと解すべきです。なお、家庭裁判所の許可をうけて遺留分の放棄がなされれば、その者の遺留分に相当する財産は自由分中に組み入れられ被相続人は自由に遺贈することができ、被相続人のした遺贈も贈与も遺留分権の放棄者はこれを減殺することができなくなるのです。遺留分の放棄とは、しょせん、減殺権の放棄（正確には、遺留分放棄の法律効果として減殺権を失うのである。）なのですから、相続人たる地位を失うわけではなく、遺留分を放棄した場合でもその法定相続分に変動が生じることにはならないのです。被相続人に贈与や遺贈のなされなかった遺産があれば、相続分にしたがってそのなん分の一かを相続でき、その額がその者のほんらいの遺留分額を下回っても被相続人のした遺贈や贈与の減殺ができないだけなのです。この条文の第二項は、『共同相続人のした遺留分の放棄は、他の各共同相続人の遺留分に影響を及ぼさない。』といっています。直截的にいい直せば、放棄せられた遺留分の額だけ自由分の額

が増加するということで、右にも一言したとおりです（ここに遺留分の額だ自由分の額だというのは放棄した時点でかりに計算したそれではなく、相続開始時点のそれということになる。）。さきにも述べたように、遺留分の放棄の理由が要保護者たる他の共同相続人に帰属せしめたいというような場合には、解釈論の次元では困難かも知れませんが、『他の各相続人の遺留分に影響を及ぼさ』せ、相続法の形骸性から少しでも脱却せしめるこんごの立法上の努力があって欲しいという思いがします。遺留分放棄の法統制を、こんごも踏襲するならば……。」

　沼正也・民法の世界［新版］556頁以下で、つぎのように述べられる。「昭和二二年の法改正は『家』制度したがって『家督相続』を全廃せしめ『遺産相続』の一本建てとし、あらゆる個人の死亡によってのみ生前にその者に帰属していた一身専属権を除く遺産（遺体を含めて）の生者への帰属替えの制度たらしめられるにいたった。あらゆる個人の死亡にさいして相続は開始せられるのであるから、生まれたての赤子の死亡も相続の開始事由であってその例外であることはできない・・・。このような合市民社会法的な相続法の大変革にもかかわらず、なお新相続法のなかに温存されている封建的相続の原理による法規整もわずかながらにある。そのもっとも主要なものとして、三つのものがある。」として、第一に「祭祀財産の承継」、第二に「相続分取戻権」（民法905条）、そして、第三に、本条の「遺留分の放棄」を挙げて、つぎのように述べられる。「その第三のものは『遺留分の放棄』の制度で、第一〇四三条〔現行の民法1049条・中山による注〕に定めるところである。すなわち、『相続の開始前における遺留分の放棄は、家庭裁判所の許可を受けたときに限り、その効力を生ずる。』とするものである（同条一項。遺留分は相続人に対して保障せられた相続人の財産に対する割合であること後述のごとくであり、親族法の原理の相続法的受容で形骸的なものながらにも保護法の原理に基づくものであるからいかなる処分をも許さないという原理にほんらい服するものである。それを家庭裁判所を参画せしめ、相続人に放棄をするについての自由な意思あることを要件とするものではあっても、その放棄を認容するということは、被相続人のがわにおいて封建的に一子に相続財産を承継させようという意思のある場合にこの意思にいちばんウェイトをおかんとする意図に出る後進的な法規整であることはいかなる法解釈をもってしても否定できないものである。）。」

第10章　特別の寄与

第1050条

> 特別寄与者のもつ特別寄与料の支払請求権

①　　被相続人にたいして無償で療養看護その他の労務の提供をしたことにより被相続人の財産の維持または増加について特別の寄与をした被相続人の親族（相続人、相続の放棄をした者および第891条の規定に該当し、または廃除によって、その相続権を失った者を除く。以下この条において「特別寄与者」という。）は、相続の開始後、相続人にたいし、特別寄与者の寄与に応じた額の金銭（以下この条において「特別寄与料」という。）の支払を請求することができる。　　(1)

②　　前項の規定による特別寄与料の支払について、当事者間に協議が調わないとき、または協議をすることができないときは、特別寄与者は、家庭裁判所にたいして協議に代わる処分を請求することができる。ただし、特別寄与者が相続の開始および相続人を知った時から6箇月を経過したとき、または相続開始の時から1年を経過したときは、この限りでない。

③　　前項本文の場合には、家庭裁判所は、寄与の時期、方法および程度、相続財産の額その他、一切の事情を考慮して、特別寄与料の額を定める。

④　　特別寄与料の額は、被相続人が相続開始の時において有した財産の価額から遺贈の価額を控除した残額を超えることができない。

⑤　　相続人が数人ある場合には、各相続人は、特別寄与料の額に第900条から第902条までの規定により算定した当該相続人の相続分を乗じた額を負担する。

(1)　本条と類似の制度を図解する。窪田充見・民法（相続関係）改正法の概要128頁以下、堂園幹一郎・神吉康二・概説改正相続法・第2版160頁以下、高橋和之他・法律学小辞典〔第5版〕を参照した。

以下、義務者をA、権利者をBとする。

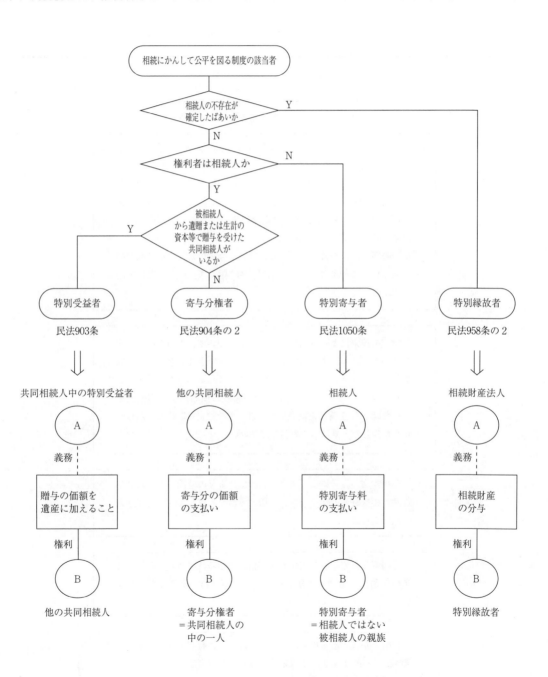

【著者紹介】

中山 秀登（なかやま　ひでと）

1954年　東京都に生まれる

1988年　中央大学大学院法学研究科
　　　　博士後期課程民事法専攻満期退学

現　在　流通経済大学法学部教授

主要論文

婚約の法的構造・私法59号180頁

身分行為に関する一考察・流通経済大学論集33巻2号31頁

ドニストリャンスキーによる物権論と債権論・法学新報111巻7・8号81頁

民法の流れ図
—相続—

発行日　2023年10月1日　初版発行

著　者　中　山　秀　登

発行者　上　野　裕　一

発行所　流通経済大学出版会
　　　　〒301-8555　茨城県龍ヶ崎市120
　　　　電話　0297-64-1167　FAX　0297-60-1165

ⒸHideto Nakayama 2023

Printed in Japan/アベル社

ISBN 978-4-947553-98-0 C3032 ¥2500E